DYNAMIQUES DES RELATIONS INTERNATIONALES ET COVID-19 : ENTRE DIPLOMATIE MASQUEE ET GUERRE DES LABOS

Ousmane SANE

DYNAMIQUES DES RELATIONS INTERNATIONALES ET COVID-19 : ENTRE DIPLOMATIE MASQUEE ET GUERRE DES LABOS

L'Harmattan
Sénégal

10 VDN, Sicap Amitié 3, Lotissement Cité Police, DAKAR

senharmattan@gmail.com
senlibrairie@gmail.com

ISBN : 978-2-14-025734-6
EAN : 99782140257346

À feu mon papa et toute ma famille.

À Monsieur le Professeur Mamadou Badji, Recteur de l'université Assane Seck de Ziguinchor, à qui je dois ce magnifique titre d'ouvrage.

A feu Hamed Bakayoko, Ancien Premier ministre de Cote d'ivoire.

À tous les policiers du monde, plus particulièrement à ceux du Sénégal qui ont connu la **radiation**, la plus grande humiliation de l'histoire de la fonction publique sénégalaise. Ils sont en réalité les authentiques victimes et pupilles de la nation. J'ai toujours en tête le témoignage de ce Brigadier-chef, chauffeur de papa qui, un jour, en larmes, me raconta qu'il apprit sa radiation dans un bus de la Sotrac[1] quand le receveur lui dit : **" Hey tu paies ou tu descends, tu n'es plus policier",** alors qu'il rentrait du travail. Quelle violence !

À mes brillants et généreux étudiants, qui m'aident en permanence dans mes recherches grâce à nos riches échanges, contradictoires mais démocratiques.

À tous les personnels soignants du monde.

[1] Bus de la société nationale sénégalaise de transports.

RÉSUMÉ

Cet ouvrage traite de la pandémie de la Covid-19 et de son impact sur les relations internationales. Dans ce livre, nous avons mis l'accent sur les incidences de cette pandémie sur l'économie mondiale, sur les relations entre les deux premières puissances économiques mondiales, les États-Unis et la Chine, qui ont mis fin à leur guerre commerciale en très peu de temps avec l'apparition du Covid-19. Nous avons mis en exergue les causes de cette nouvelle « guerre des mots » entre ces deux pays ainsi que les raisons de la sortie des États-Unis de l'OMS et ses conséquences, particulièrement en période de crise sanitaire internationale. Nous avons aussi évoqué les stratégies européennes et africaines contre la pandémie, la diplomatie des masques, la guerre des vaccins, le problème de l'autosuffisance alimentaire de l'Afrique, surtout en période de crise de Covid-19, ainsi que l'impact de cette pandémie sur les migrations, les foyers d'accueil religieux comme La Mecque, Rome, Fez, etc. Puis, nous avons également envisagé le cas du Sénégal, l'un des pays les plus stables d'Afrique, en évoquant la gestion des Sénégalais de l'extérieur en cette période de crise sanitaire. Enfin, nous avons abordé la diplomatie religieuse du Sénégal, diplomatie portée en général par les confréries et en particulier par la communauté mouride, dont nous rendons un hommage exceptionnel à l'un des illustres guides, Serigne Mourtada Mbacké RTA, qui fut incontestablement le patron de la diplomatie économique et religieuse du Sénégal.

Mots-clés : relations internationales ; guerre commerciale ; Covid-19 ; économie mondiale ; autosuffisance alimentaire ; immigration ; diplomatie ; guerre ; vaccin ; masques.

INTRODUCTION

La maladie à Coronavirus, appelée Covid-19 (acronyme anglais de « coronavirus disease 2019 ») est apparue en Chine, plus précisément à Wuhan, en décembre 2019. Elle s'est répandue très rapidement et a touché tous les continents en moins de trois mois. Elle se transmet par contact humain. Elle a complètement modifié les habitudes des populations, confinées durant plusieurs mois selon les pays. D'après Monsieur JEAN-PAUL SARDON (2020), si l'on compare la pandémie de la Covid-19 aux autres maladies qui ont pu frapper l'humanité par le passé, l'on constate qu'elle est moins dangereuse. Toutefois, elle est la seule pandémie à avoir entraîné le confinement de la moitié de la population mondiale, soit plus de trois milliards d'êtres humains confinés dans le monde à la suite de la propagation du virus causant la Covid-19.

La Covid-19 a conduit à la fermeture des frontières des pays du monde, bloquant ainsi les mouvements des personnes et des biens. Elle a bouleversé l'ordre mondial et déstabilisé les relations internationales et régionales en raison de la méfiance des uns vis-à-vis des autres et du manque de solidarité entre les pays. Parmi les relations que cette pandémie a déstabilisées, citons celles qui lient les États-Unis à la Chine ou encore les rapports entre les pays membres de l'Union européenne, qui n'ont pas soutenu activement l'Italie dans la lutte contre cette maladie.

L'Organisation Mondiale de la Santé (OMS) a, elle aussi, subi les effets de la Covid-19. Le continent africain a également été touché par cette maladie, dont même certaines grandes puissances n'ont pas su développer un vaccin susceptible de l'éradiquer.

Cette pandémie a mis à nu l'impertinence de certaines infrastructures dans beaucoup de pays. Le choix des infrastructures est une question qu'il faut considérer avec grand sérieux afin de pallier certains fléaux, comme la pandémie de la Covid-19.

Dans cet ouvrage, il s'agira de montrer l'impact de la Covid-19 sur les relations internationales et les relations intra-communautaires, sur les migrations internationales, sur les choix peu pertinents que font la plupart des États en matière d'infrastructures ainsi que sur les stratégies de l'Union européenne et de l'Organisation Mondiale de la Santé pour éradiquer la Covid-19.

1
LES RELATIONS INTERNATIONALES, BOULEVERSEES PAR LA COVID-19

Depuis décembre 2019, l'actualité internationale est dominée par les informations liées à la Covid-19. Cette pandémie a poussé les États à prendre des mesures fortes pour stopper l'évolution de la maladie sur leurs territoires respectifs. Ces mesures ont complètement bouleversé l'économie mondiale et les relations internationales.

Selon Messieurs BOUHON FREDERIC, JOUSTEN ANDY, MINY XAVIER et al., (2020), les conséquences de ces mesures et de la pandémie sont comparables à celles des crises de 2008 et de 2019 alors que le monde n'est pas encore parvenu à vaincre la Covid-19. L'essentiel de la production industrielle, les activités agricoles, la pèche, les services ainsi que le commerce sont mis à l'arrêt ou tournent au ralenti. Les activités culturelles ou sportives ainsi que les déplacements aériens ont été suspendus, annulés ou reportés, ce qui accentue le ralentissement de l'économie mondiale.

Comme toutes les grandes crises, qu'il s'agisse par exemple de guerres ou de catastrophes naturelles, la pandémie de la Covid-19 a montré les faiblesses des grandes puissances. Ces dernières ne parviennent pas à trouver de remède contre cette pandémie, pis, elles se trouvent aujourd'hui dans une situation économique et sociale délétère. Cette situation modifie les rapports de force sur le plan international. D'aucuns parlent de « nouvel ordre mondial », du fait de l'impuissance des plus grandes puissances mondiales, qui sont aujourd'hui les plus touchées par la pandémie. Première puissance économique mondiale depuis la fin de la Seconde Guerre mondiale en 1945, les États-Unis sont le pays le plus touché par la pandémie de la Covid-19. Au moment où nous écrivons ces lignes, les États-Unis comptent plus de 1 780 000 cas de contamination et plus de 100 00 décès, pour un total de plus de 5 900 000 cas confirmés et plus de 300 000 décès dans le Monde. Malgré leur prestige économique et sécuritaire (armement et intelligence sécuritaire), ce pays apparaît faible face à la pandémie. En dépit des nombreux milliards de dollars dépensés dans l'armement, des sommes substantielles investies dans l'intelligence sécuritaire, des armes de dissuasion et de destruction dont ils disposent, les États-Unis semblent dépassés face à la pandémie de la Covid-19. Cette impuissance face au virus a poussé l'ancien président américain, Donald Trump, à adoucir son discours. Il a choisi le vocabulaire de l'humilité en parlant du virus. Selon France24, « l'économie américaine n'avait jamais détruit autant d'emplois en si peu de temps. En deux mois, la crise de la Covid-19 a fait passer le taux de chômage de son niveau le plus bas depuis cinquante ans à un niveau digne de la crise des années 1930. Le produit intérieur brut (PIB) des États-Unis a reculé de 4,8 % au premier trimestre, la baisse la plus importante depuis le quatrième trimestre 2008, époque où les États-Unis s'enfonçaient dans la crise économique »[2].

La Chine, deuxième puissance économique mondiale et pays dans lequel le virus est apparu en premier, est aussi

---

[2] **FRANCE 24,** COVID-19 : AUX ÉTATS-UNIS, PLUS DE 20 MILLIONS D'EMPLOIS DETRUITS EN AVRIL, PUBLIE LE : 08/05/2020, HTTPS://WWW.FRANCE24.COM/FR/20200508-COVID-19-AUX-%C3%A9TATS-UNIS-PLUS-DE-20-MILLIONS-D-EMPLOIS-D%C3%A9TRUITS-EN-AVRIL.

touchée par la pandémie même si elle est moins impactée que les États-Unis. L'économie chinoise est touchée par la fermeture des frontières. Selon KHAIRY TOURK, professeur d'économie à l'École commerciale Stuart de l'Institut de technologie de l'Illinois à Chicago, la pandémie de la Covid-19 a eu un impact négatif sur la croissance de l'économie de l'empire du Milieu, du fait de la baisse des exportations de la Chine.[3]

Le constat, qui est fait aujourd'hui, montre que la Chine se relève peu à peu des conséquences de la pandémie, contrairement à son rival américain, qui s'enfonce davantage dans la crise en raison du virus. L'empire du Milieu a repris son expansion mondiale en proposant son expertise et son soutien aux autres pays touchés par la pandémie. Mieux, la Chine envisage tranquillement de secourir l'économie mondiale, fortement affaiblie par la Covid-19, que certains surnomment même « virus chinois ».

L'Union Européenne a également été nettement impactée par la pandémie. Les grandes puissances de l'organisation régionale ont effectivement subi ses graves effets. Tel est le cas de la France, de l'Allemagne, de l'Italie, de l'Espagne, etc. Cette pandémie a même perturbé les relations de l'Italie avec ses voisins européens, qui lui ont refusé le soutien dont elle avait besoin lors de la propagation du virus sur son sol. Au moment où ses voisins les plus proches ne lui sont pas venus en aide, la Chine lui a tendu la main. Cette situation pourrait constituer un véritable problème au sein de l'Union Européenne au sortir de la pandémie, du fait du manque de solidarité entre États membres. Selon l'AFP, « c'est sur cette capacité à s'épauler

---

[3] (Covid-19) L'économie chinoise se remettra bientôt des impacts de l'épidémie, selon un économiste américain, publié le 13 avril 2020, french.xinhuanet.com.

dans les moments difficiles que se joue l'avenir de l'Europe. Jacques Delors, ancien président de la Commission de l'Union, estime que le manque de solidarité fait courir à l'Union Européenne un danger mortel. »[4]

Malgré le fait que les conséquences de la Covid-19 soient également ressenties en Afrique, le continent n'a pas vu se réaliser les scénarios catastrophiques que l'Organisation Mondiale de la Santé avait prévus. Le 22 février 2020, le Directeur de l'OMS avait sonné l'alerte, lors d'une réunion exceptionnelle avec les ministres de la santé de l'Union Africaine, en indiquant que la principale préoccupation de l'OMS est le risque de propagation de la Covid-19 dans les pays africains, dont les systèmes de santé sont plus fragiles[5].

La Covid-19 a perturbé l'organisation de l'économie internationale et celle des plus grandes puissances économiques mondiales en particulier. Les États-Unis sont fortement impactés, l'Europe est confrontée à un manque de solidarité entre États et la Chine a connu une baisse drastique de sa croissance économique, malgré un léger rebond depuis quelques semaines. Cette pandémie a également mis à l'épreuve les relations entre la Chine et les États-Unis.

---

[4] **AFP**, Les dirigeants des 27 en visioconférence lors du conseil européen du 26 mars 2020, https://www.franceculture.fr.

[5] **France24,** Covid-19 : pourquoi le scénario catastrophe n'a pas eu lieu en Afrique, publié le 15 mai 2020, france24.com.

2
L'IMPACT DE LA COVID-19 SUR LES RELATIONS SINO-AMERICAINES

La pandémie de la Covid-19 a contribué à dégrader les relations entre la Chine et les États-Unis, par des accusions réciproques entre les deux géants de l'économie mondiale. Selon *Le Figaro*[6], l'année 2020 a débuté par un apaisement de la rivalité commerciale entre les deux pays. Cet apaisement a été matérialisé par la signature d'un traité économique à la mi-janvier, après deux années de quasi-guerre commerciale. Cependant, cette trêve a été écourtée par la pandémie de la Covid-19, qui a entraîné une rapide dégradation des relations sino-américaines. La tension qui sévit entre la Chine et les États-Unis en raison de cette pandémie a atteint, ces dernières semaines, des proportions sans précédent depuis le début des relations diplomatiques entre les deux pays.

La détérioration des relations sino-américaines a été provoquée par les accusations mutuelles entre les responsables des deux pays, particulièrement leurs deux leaders respectifs ainsi que leurs ministres des affaires étrangères. Les États-Unis accusent la Chine d'avoir dissimulé l'ampleur de la pandémie au monde entier. « La gestion de l'épidémie actuelle s'est inévitablement heurtée aux réalités politiques et économiques. Les autorités de Pékin ont tenté de retarder la déclaration de l'épidémie

---

[6] **ADRIEN JAULMES**, LA RIVALITE SINO-AMERICAINE ATTISEE PAR LA CRISE DU COVID-19, PUBLIE LE 23 AVRIL 2020.

actuelle au USPPI, conscientes des répercussions immédiates qui s'en suivraient. »[7] C'est pourquoi les États-Unis estiment que ce sont des questions politiques et économiques qui ont poussé la Chine à dissimuler la pandémie, par crainte que les autres pays ne ferment leurs frontières à l'empire du Milieu, dont la puissance économique est fondée sur les exportations. Si une pareille rupture avec les autres pays se produisait, une grave crise économique pourrait frapper la Chine. La question de la pandémie dépasse les enjeux et informations sanitaires : elle est plutôt stratégique et touche la diplomatie économique et politique entre la Chine et ses partenaires.

Pis, ils estiment que l'empire du Milieu a facilité la propagation du virus. Ce que la Chine réfute, estimant avoir fait ce qu'il fallait depuis le début de la pandémie, en transmettant toutes les informations dont elle disposait en temps et en heure à l'OMS ainsi qu'à tous les pays, particulièrement aux États-Unis. La Chine voit dans les accusations des États-Unis une tentative de discrédit sur le plan international, afin de briser son élan économique découlant des relations solides bâties années après années avec ses partenaires mondiaux. Le problème des États-Unis est que la Chine est leur concurrent direct sur le plan économique : les Américains cherchent à éviter d'être rattrapés voire devancés par celui-ci. Or, la pandémie, qui est apparue en Chine, a fortement impacté de façon négative la première puissance économique de la planète.

Cependant, les relations conflictuelles entre les États-Unis et la Chine ont un impact sans commune mesure sur l'évolution du monde. Pour preuve, leurs différends liés au Covid-19 ont interféré dans les accords qui ont été

---

[7] « Focus », *Les Tribunes de la santé*, 2020/1 (N° 63), p. 13-21. DOI : 10.3917/seve1.063.0013. URL : https://www.cairn.info/revue-les-tribunes-de-la-sante-2020-1-page-13.htm.

envisagés pour lutter contre la pandémie. Selon BORRELL JOSEP[8], le Conseil de sécurité de l'Organisation des Nations Unies (ONU) n'a pas pu trouver de solution en réponse à la pandémie du Covid-19 en raison des problèmes sino-américains. Et pourtant, même en pleine Guerre froide, les États-Unis et l'URSS avaient trouvé un accord pour favoriser la recherche d'un vaccin contre la polio. De même, le G7 se trouve dans la même situation que le Conseil de sécurité puisqu'un État a voulu qualifier le Covid-19 de « virus chinois ». Nous assistons à une véritable *accusation game* entre les États-Unis et la Chine, ce qui prouve le manque de leadership mondial en cette période où ces deux grandes puissances économiques devaient se positionner comme de véritable leaders pour trouver rapidement un remède contre cette pandémie.

---

[8]**BORRELL JOSEP**, « COVID-19 : le monde d'après est déjà là… », *Politique étrangère*, 2020/0 (Prépublication), DOI : 10.3917/pe.pr1.0001. URL : https://www.cairn.info/revue-politique-etrangere-2020-0-page-1.htm.

3
ROLE DE L'OMS DANS LA LUTTE CONTRE LA PANDEMIE

Dans le cadre de la lutte contre la pandémie de la Covid-19, l'Organisation Mondiale de la Santé (OMS) met en exergue un certain nombre de mesures qu'elle a prises pour lutter contre cette maladie. Selon l'Organisation des Nations Unies[9], il s'agit d'aider les pays à se préparer et à réagir, de fournir des informations précises et briser les mythes dangereux, de veiller à ce que les fournitures vitales parviennent aux travailleurs de la santé, de former et de mobiliser les travailleurs de la santé, de rechercher un vaccin contre la pandémie et d'aider les plus pauvres et les plus vulnérables.

Toutefois, l'OMS éprouve des difficultés à bien mener ses actions face à la pandémie, dans la mesure où les grandes puissances qui lui octroient les subventions pour son fonctionnement ne parviennent pas à trouver un accord pour lutter ensemble et dans l'unité contre le Covid-19. Ce qui rend la tâche de l'OMS particulièrement difficile. Selon **Tribune Santé**[10], avant la décision du 30 janvier, plusieurs États avaient pris la décision de fixer des mesures qui

---

[9] **ONU**, CINQ RAISONS QUI EXPLIQUENT LE ROLE ESSENTIEL DE L'OMS POUR LUTTER CONTRE LE COVID-19, 9 AVRIL 2020, HTTPS://NEWS.UN.ORG/FR/STORY/2020/04/1066332.

[10] « Focus », *Les Tribunes de la santé*, 2020/1 (N° 63), p. 13-21. DOI: 10.3917/seve1.063.0013. URL: https://www.cairn.info/revue-les-tribunes-de-la-sante-2020-1-page-13.htm.

visaient à limiter les relations commerciales et les contacts avec la Chine. Ces mesures prises par les États sont contraires à l'esprit du Règlement Sanitaire International (RSI), selon lequel les pays ne prennent pas de décisions unilatérales sans se concerter au préalable avec tous les partenaires internationaux, en particulier avec l'OMS. Malgré les déclarations du Directeur Général de l'OMS, qui demandait aux États de ne pas limiter les échanges commerciaux et les mouvements des personnes, les États frontaliers de la Chine avaient déjà fermé leurs frontières et d'autres interdisaient aux citoyens chinois d'entrer dans leurs pays. Le constat, qui est fait dans cette situation, est que les pays membres de l'OMS n'ont pas pris en compte les propositions de l'organisation.

De plus, l'OMS est critiquée de toute part dans le cadre de la gestion de la Covid-19. Les États-Unis, premier contributeur de l'OMS, ont décidé de suspendre la contribution financière qu'ils accordaient à l'organisation. En effet, Washington accuse l'OMS d'avoir critiqué sa décision de fermer ses frontières aux personnes qui arrivaient de Chine au début de la maladie et d'être complaisante à l'endroit de Pékin. Le Président Donald Trump écrivait dans un tweet *"Étrangement, ils* (l'OMS) *sont largement financés par les États-Unis et pourtant très centrés sur la Chine. Nous allons nous pencher avec attention sur le dossier"* (The W.H.O. really blew it. For some reason, funded largely by the United States, yet very China centric. We will be giving that a good look. Fortunately, I rejected their advice on keeping our borders open to China early on. Why did they give us such a faulty recommendation?). La guerre entre puissances affecte l'organisation et l'affaiblit en la privant d'une part importante de son budget en raison de la décision des États-Unis. Le président américain va plus loin en annonçant le retrait des États-Unis de l'organisation, le vendredi 29 mai

2020. Selon le journal ***La Tribune***, « en pleine pandémie liée au Covid-19, Donald Trump, le président américain, qui avait déjà suspendu la contribution financière accordée par son pays à l'OMS qu'il accuse de complaisance envers Pékin, a mis en exécution vendredi sa menace de couper les ponts avec l'organisation onusienne »[11].

On reproche également à l'OMS d'avoir tardé à déclarer la Covid-19 comme une « urgence sanitaire » pour permettre aux États de mieux se préparer à affronter la pandémie. Mais le principal problème auquel l'OMS est confrontée est la « *guerre des mots* » entre les États-Unis et la Chine, laquelle guerre perturbe les actions de l'organisation et la discrédite aux yeux de ses autres pays membres.

[11] **LA TRIBUNE,** Le retrait des États-Unis de l'OMS pèse fortement sur son budget et menace l'aide aux pays pauvres, publié le 30 mai 2020, https://www.latribune.fr.

4
LES STRATEGIES DE L'UNION EUROPEENNE DANS LA LUTTE CONTRE LA COVID-19

Comme les autres pays, les 27 États membres de l'Union européenne (UE) ont recensé des cas déclarés positifs à la Covid-19 en mars 2020. Toutefois, les 27 pays membres de l'UE n'ont pas été touchés de la même manière : l'Italie, la France et l'Espagne sont les pays les plus touchés.

Pour aider les pays et les citoyens de l'union impactés par la pandémie, l'UE a mis en œuvre un ensemble de mesures. D'après le CIIE[12] (Centre d'Information sur les Institutions Européennes), les actions de l'UE face à la Covid-19 sont le rapatriement de plus de 50 000 citoyens européens se trouvant hors de l'UE par la mutualisation des efforts des pays membres de l'Union. L'UE a mobilisé plus de 380 millions d'euros pour la recherche de vaccins et de nouveaux traitements, elle a mis en place une réserve européenne de matériel médical à hauteur de 300 millions d'euros. De plus, elle a débloqué des sommes importantes pour l'achat d'équipements médicaux, pour le soutien au chômage partiel provoqué par la pandémie et la sécurisation de ses chaînes d'approvisionnement. Par ailleurs, l'UE a également adopté des mesures d'urgence pour soutenir les agriculteurs et les pêcheurs de ses pays membres, qui sont fortement touchés par la pandémie, afin d'assurer un

---

[12] **CIIE,** L'action de l'Union Européenne face au Covid 19, www.strasbourg-europe.ue.

approvisionnement alimentaire optimal à ses pays membres.

Malgré tous ces efforts consentis par l'UE, un désaccord est apparu entre ses pays membres en raison de ce que l'on appelle les « corona bonds ». D'après le site internet **Toute l'Europe**[13], le 25 mars 2020, neuf États membres de l'Union européenne, notamment l'Italie, l'Espagne et la France (les trois pays les plus touchés par la pandémie de Covid-19 au sein de l'UE) ont adressé une correspondance au président du Conseil européen Charles Michel. Dans cette correspondance, ces pays évoquent l'idée d'une plus grande solidarité financière entre les États membres de l'Union européenne ainsi que la création d'un *"instrument de dette commun pour lever des fonds sur les marchés"*. Soit le lancement d'obligations communes aux États membres, plus connues sous le nom de « corona bonds ». Cependant, leur proposition a fait réagir certains autres pays membres et a entraîné des débats entre pays dits "frugaux" (ceux dont les finances publiques sont les plus saines) comme l'Allemagne, les Pays-Bas, l'Autriche ou la Finlande et les pays jugés plus "dispendieux".

Le problème qui a provoqué le débat est le fait que les dettes, dénommées « corona bonds », sont mutualisées au plan européen. Ce qui sera défavorable à l'Allemagne, par exemple, et très favorable à des pays comme l'Italie. Comme les euros bonds proposés par l'ancien président français François Hollande, les corona bonds ont fini, une fois encore, par montrer le manque de solidarité entre les pays membres de l'Union européenne. Toutefois, contrairement aux euros bonds, les corona bonds vont finir par être validés. Selon le journal ***Le Monde***, « un tel outil

---

[13]**BARTHELEMY GAILLARD**, QU'EST-CE QUE LES CORONA BONDS ? 15 AVRIL 2020, HTTPS://WWW.TOUTELEUROPE.EU/ACTUALITE/QU-EST-CE-QUE-LES-CORONA-BONDS.HTML.

semblait encore inenvisageable il y a quelques semaines, tant il heurte la sensibilité des États « frugaux » du nord de l'Europe (Allemagne, Pays-Bas...), frileux à l'idée de partager le fardeau budgétaire avec les « cigales » du Sud. Pourtant, à force de pressions, les Vingt-Sept ont fini par en accepter le principe du bout des lèvres le 23 avril »[14].

Malgré quelques débats entre pays membres notamment sur les corona bonds, l'Union Européenne a mis en œuvre un arsenal de mesures pour faire face à la pandémie du Covid-19 depuis que les premiers cas ont été déclarés dans les pays membres.

---

[14] **MAXIME VAUDANO,** « CORONABONDS » : COMPRENDRE LA BATAILLE DES MOTS QUI CACHE LE VRAI DEBAT SUR LA SOLIDARITE EUROPEENNE, PUBLIE LE 30 AVRIL 2020, HTTPS://WWW.LEMONDE.FR/LES-DECODEURS/ARTICLE/2020/04/30/CORONABONDS-COMPRENDRE-LA-BATAILLE-DES-MOTS-QUI-CACHE-LE-VRAI-DEBAT-SUR-LA-SOLIDARITE-EUROPEENNE_6038311_4355770.HTML.

5
L'UNION AFRICAINE ET L'UEMOA, QUELLE PLACE DANS LA LUTTE ?

Dans le cadre de la lutte contre la pandémie de Covid-19, la mutualisation des forces est indispensable pour davantage d'efficacité. La nature et la contagion de la maladie font que la Covid-19 ne peut être vaincue par une puissance isolée. À l'image de l'Union Européenne, l'Union Africaine et l'UEMOA ont mis en place une série de mesures pour faire face à la pandémie. « Que ce soit à titre individuel ou collectif, les pays africains ont élaboré une stratégie unifiée à l'échelle du continent, l'Union africaine a ainsi mis sur pied le groupe de travail africain sur le coronavirus (AFTCOR). Pour contenir la propagation du virus et atténuer son impact socio-économique, les États membres africains continuent de prendre un certain nombre de mesures. Il est clair que cela ne suffira pas. »[15] Le continent ne dispose pas de moyens suffisants pour lutter efficacement contre la pandémie. Il manque en effet de ressources humaines qualifiées, d'infrastructures sanitaires pouvant accueillir les malades de façon optimale et disposant d'un plateau médical relevé. Selon le **Centre de Contrôle des Maladies en Afrique (CCM-Afrique)**[16], la

[15] **ONU/OSAA**, Déclaration du Sous-secrétaire Général, Dans sa lutte contre le COVID-19, les partenariats internationaux sont indispensables à l'Afrique, https://www.un.org/fr/africa/osaa/.

[16] **ONU/OSAA,** Déclaration du Sous-secrétaire Général, Dans sa lutte contre le COVID-19, les partenariats internationaux sont indispensables à l'Afrique, https://www.un.org/fr/africa/osaa/.

mise en œuvre de la stratégie de lutte et de prévention recommandée est estimée, à elle seule, à plus de 200 milliards de dollars. Pour faire face aux conséquences directes et indirectes de cette crise sur le plan non sanitaire, il faudra déployer des ressources supplémentaires.

Dans le cadre de la lutte contre la maladie à virus Ebola, les pays développés ont engagé l'essentiel des fonds nécessaires, mais le contexte de la maladie à virus Ebola est différent de celui de la Covid-19, car ce sont justement ces pays développés qui sont les plus touchés par la maladie. « La réalité de la maladie impose donc une forme de lucidité socio-économique aux pays africains : la lutte contre la Covid-19 se fera par l'Afrique avec des moyens africains. Sonne donc le retour à l'ère de la "solidarité africaine" et de la mobilisation des ressources pour organiser la lutte et soulager les populations. Car, si l'Afrique reste les bras croisés, c'est au moins 27 millions de personnes qui pourraient basculer dans l'extrême pauvreté en raison de la Covid-19, selon la Commission économique pour l'Afrique (ECA-ONU) qui fait cette estimation en se basant sur les scénarios les plus optimistes. »[17]

C'est pourquoi l'Union Africaine a lancé la mise en place d'un fonds spécial Covid-19, auquel ses différents pays membres ont contribué. Tel est le cas du Sénégal, qui a participé à hauteur d'un milliard de francs CFA. À titre individuel, les pays africains ont chacun débloqué des fonds destinés à la lutte contre la pandémie au niveau national. Ces fonds sont destinés à soutenir les structures sanitaires, les populations vulnérables, le soutien au secteur privé, etc. Ils ont aussi adopté des mesures visant à désengorger les prisons. L'Afrique a mis en place sa propre stratégie de lutte

---

[17] **KAHOFI JISCHVI SUY**, CORONAVIRUS EN AFRIQUE : LA LUTTE CONTRE LE COVID-19 AVEC DES MOYENS AFRICAINS, 13 MAI 2020, HTTPS://WWW.BBC.COM/AFRIQUE/REGION-52608574.

contre cette pandémie. Cependant, les leaders africains plaident pour une annulation de leurs dettes dans le but d'affronter au mieux les défis posés par la Covid-19.

En Afrique de l'ouest, la réaction officielle de l'UEMOA a été quelque peu tardive. Elle est apparue à la fin du mois d'avril, période durant laquelle la sous-région a comptabilisé plus de 6000 cas. « Avec plus de 6.000 cas confirmés de contaminations au Covid-19 et plus de cent morts, les États membres de la sous-région ont décidé de se mobiliser contre la pandémie. C'est pourquoi, ils avaient désigné la semaine dernière leur homologue du Nigeria MUHAMMADU BUHARI pour coordonner la lutte contre le coronavirus. »[18] À l'issue de cette réunion, les huit pays membres de l'UEMOA ont évalué les fonds nécessaires pour faire face aux incidences de la pandémie de la Covid-19 à 5 284,9 milliards de francs CFA (soit 8,7 milliards de dollars)[19]. Dans le domaine de la santé, l'UEMOA a renforcé les mesures sanitaires relatives à la gestion des frontières intérieures et extérieures de l'Union, tout en mettant en place un plan régional de renforcement des capacités des systèmes de santé, en particulier pour la gestion des épidémies.

Malgré les maigres moyens dont disposent l'Union Africaine et l'UEMOA, ces structures du continent africain ont œuvré en vue d'endiguer l'évolution de la pandémie de

---

[18] **CAROLE ASSIGNON**, LES DIRIGEANTS DE L'UEMOA SE MOBILISENT CONTRE LE COVID-19, 27 AVRIL 2020, HTTPS://WWW.DW.COM/FR/LES-DIRIGEANTS-DE-LUEMOA-SE-MOBILISENT-CONTRE-LE-COVID-19/A-53255731

[19] **LASSAAD BEN AHMED**, UEMOA/Covid-19 : 8,7 milliards de dollars pour faire face aux besoins des États, 28 avril 2020, https://www.aa.com.tr/fr/afrique/uemoa-covid-19-8-7-milliards-de-dollars-pour-faire-face-aux-besoins-des-etats-/1820893.

la Covid-19 et lutter efficacement contre ses incidences au niveau économique et social.

6
LA QUESTION DES MIGRANTS DANS LE CONTEXTE DE LA COVID-19

L'apparition de la pandémie de la Covid-19 a totalement remis en cause la dynamique des migrations, au sens large du terme. Les mesures prises par les États pour endiguer la maladie ont stoppé les déplacements des populations. Tous les pays ont fermé leurs frontières et interdit tout trafic (transport de personnes) aérien au sein de leurs espaces. Avec des mesures comme le confinement total ou partiel, l'interdiction de voyager à l'intérieur même d'un pays, des milliers de personnes se sont retrouvées bloquées. Même les déplacements à l'échelle nationale ont parfois été interdits.

Cette situation a entraîné un impact négatif sur tous les plans et affecté les activités de l'ensemble des pays. Les conséquences de la fermeture des frontières ainsi que les mesures de confinement prises par les États sont non négligeables sur les économies des pays d'accueil. Les premiers à être touchés par la situation des migrants sont leurs familles d'origine. Les migrants effectuent des transferts de fonds importants afin de soutenir ou entretenir leurs familles restées dans leurs pays d'origine. Selon JASON GAGNON, économiste du développement au Centre de développement de l'OCDE[20], les fonds transférés

[20] **JASON GAGNON,** COVID-19 : CONSEQUENCES POUR LES MIGRATIONS INTERNATIONALES ET LE DEVELOPPEMENT, 25 AVRIL 2020, HTTPS://OECD-DEVELOPMENT-MATTERS.ORG/2020/04/25/COVID-19-

par les migrants au niveau international sont passés de 64 milliards de dollars en 1990 à 683 milliards de dollars en 2018. Ces fonds représentent d'importantes sources de revenus et de devises pour les populations des pays en développement, qui en reçoivent la plus grande partie (77 %).

Cette situation impacte de façon négative nombre de ménages des pays en développement. « La Banque mondiale prévoit déjà une chute de 20 % en 2020 en raison de la fermeture des frontières liée au COVID-19 et de la récession durable dans les pays où sont installés les migrants. Il s'agit là d'un facteur multiplicateur des effets de la récession attendue des économies nationales pour les pays qui dépendent le plus de cet argent des migrants. »[21]

La pandémie de la Covid-19 a drastiquement augmenté le taux de chômage dans l'ensemble des pays en raison du ralentissement des activités économiques. Les migrants font partie de la population la plus touchée par le chômage. Cette situation rend la vie de ces derniers et de leurs familles particulièrement difficile.

« Les migrations interrompues pourront rendre les opérateurs économiques moins réactifs à la reprise de l'activité à la fin de la période de confinement, en raison de tensions de recrutement dans certains secteurs. Dans la période de transition entre l'arrêt des économies nationales et la reprise de l'activité productrice, ce sont précisément ces travailleurs indispensables mais inscrits dans les formes

---

CONSEQUENCES-POUR-LES-MIGRATIONS-INTERNATIONALES-ET-LE-DEVELOPPEMENT/.

[21] **CHRISTOPHE BERTOSSI, MATTHIEU TARDIS**, Migrations et COVID-19 : un quitte ou double pour l'Europe ? Éditoriaux de l'Ifri, 5 mai 2020, https://www.ifri.org/fr/publications/editoriaux-de-lifri/migrations-covid-19-un-quitte-double-leurope.

d'emploi parmi les plus précaires qui seront sans doute les premiers fragilisés. »[22]

Comme toutes les autres catégories de la population, les migrants subissent les incidences de la pandémie de la Covid-19. Certains sont même victimes de xénophobie : tel est le cas en Chine, où des populations noires ont subi la furie de certains citoyens chinois mus par la peur de la contamination. Ces effets subis par les migrants impactent négativement l'économie de leurs pays d'origine ainsi que leurs familles restées dans ces pays.

[22] **CHRISTOPHE BERTOSSI, MATTHIEU TARDIS**, Migrations et COVID-19 : un quitte ou double pour l'Europe ? Éditoriaux de l'Ifri, 5 mai 2020, https://www.ifri.org/fr/publications/editoriaux-de-lifri/migrations-covid-19-un-quitte-double-leurope.

7
L'IMPERTINENCE DES INVESTISSEMENTS DE CERTAINS ÉTATS MIS EN LUMIERE PAR LA COVID-19

La pandémie de la Covid-19 a montré de certains investissements faits par les États, particulièrement les États africains. Au lieu de mettre l'accent sur les infrastructures sanitaires ainsi que sur la formation de personnels hautement qualifiés, certains pays font des choix inadaptés à leur niveau de développement.

Les investissements en matière de santé sont souvent minimisés par certains pays qui réservent une part faible de leur budget à ce secteur indispensable, surtout dans des situations de crise sanitaire comme celle que nous vivons depuis décembre 2019. De nombreux pays sont confrontés à un manque d'établissements sanitaires susceptibles d'accueillir les personnes testées positives à la Covid-19. De même, ces pays ne disposent pas de matériels médicaux permettant de leur permettre de prendre en charge certains malades qui se trouvent dans un état grave. Il en va de même pour les ressources humaines. Certains pays ont fini par faire appel aux retraités et aux étudiants pour assurer la prise en charge médicale des cas de Covid-19.

Cette pandémie doit servir de leçon, particulièrement aux pays africains, afin qu'ils investissent davantage dans le domaine de la santé, de la recherche et de la formation du personnel de santé. Les pays en développement doivent mettre l'accent sur ce type d'investissements pour qu'en cas de crise, ils parviennent à assurer à leurs citoyens une prise en charge efficace et efficiente.

8

L'AUTOSUFFISANCE ALIMENTAIRE, SALUT DE L'AFRIQUE

À la suite de la grande crise de 2008, qui avait conduit aux émeutes de la faim à travers le monde, la réponse du Sénégal dans un élan lucide, digne et généreux, qui portait le titre de Grande Offensive Agricole pour la Nourriture et l'Abondance (GOANA), l'engagement de tous les citoyens et la présence effective de tous les services de l'État, chacun dans son rôle régalien, avait notamment permis une croissance notable des superficies cultivées dans la vallée du fleuve de 2008 à 2011 et un accroissement consécutif de la production de riz. De nombreux pays africains avaient mis en place des programmes d'autosuffisance alimentaire pour parer à d'éventuelles famines liées à des crises économiques. Songeons à l'exemple de l'initiative « gabonaise des réalisations agricoles et des initiatives des nationaux engagés » (GRAINE), un partenariat public-privé lancé en 2014 afin de favoriser la production locale.[23]

Selon la FAO[24], l'autosuffisance alimentaire est la satisfaction de tous les besoins alimentaires par la production nationale. Force est de constater que la majorité des pays africains n'ont pas encore atteint cette autosuffisance alimentaire, qui est gage de sécurité alimentaire. La pandémie de la Covid-19 a montré les

---

[23] **NATALIE BARGE**, la longue marche de l'Afrique vers l'autosuffisance alimentaire, 24 février 2020, https/voaafrique.com.

[24] http://www.fao.org/3/Y3918F/y3918f04.htm.

limites des politiques agricoles de la plupart des pays africains. Selon ROKHAYA DABA FALL[25], ingénieur agronome, « le Sénégal ne pourra vivre avec la Covid-19 qu'en assurant son autosuffisance alimentaire ». Et ceci est le cas de la quasi-totalité des pays africains, qui importent davantage de produits alimentaires qu'ils n'en exportent. Toutefois, malgré la fermeture des frontières mondiales, les vols cargos et les navires transportant des marchandises et de la nourriture continuent de circuler.

L'autosuffisance alimentaire demeure l'un des objectifs clés de toutes les politiques agricoles des pays africains, des indépendances à nos jours. Elle est dictée par celle du riz, qui représente par conséquent une part importante de la consommation des populations africaines. Toujours selon ROKHAYA DABA FALL, l'objectif demeure un véritable mirage. Les bilans des projets de 1960 à 2020 restent mitigés et toujours loin des bases d'achèvement de l'autosuffisance alimentaire et nutritionnelle. Aussi, plusieurs analyses se rejoignent sur le manque patent de rentabilité des financements de ces projets et des investissements dans l'agriculture. L'Afrique dispose de toutes les capacités requises pour atteindre l'autosuffisance en riz et la sécurité alimentaire ; tous les facteurs de production sont abondamment réunis à cette fin ; ni les terres, ni l'eau, ni les fertilisants ne constituent des contraintes pour une production de riz excédentaire et continue. L'échec des politiques d'autosuffisance alimentaire en Afrique est lié à deux facteurs principaux : le clientélisme politique, qui est en grande partie responsable du manque de rentabilité des investissements et financements agricoles, et le défaut de prise en compte idoine de la chaîne des valeurs agricoles.

---

[25] https/ipar.sn.

La pandémie de la Covid-19 a rendu vulnérable le monde rural africain. ABDOURAHMANE FAYE[26], chercheur à l'IPAR et ingénieur agronome sénégalais, met en exergue le désastre qui frappe le monde rural sénégalais en raison de la crise causée par la Covid-19. Selon lui, le désastre sera d'autant plus grave que la campagne précédente était chahutée par une chute drastique des prix aux producteurs, due à une surproduction au niveau mondial. Le collectif des intermédiaires, dont c'était le métier principal, exprime son désarroi devant les magasins vides construits par ses membres dans les villages, alors que ses partenaires commerciaux indiens et mauritaniens, confinés chez eux, ne donnent pas signe de vie. Le port de Ziguinchor, qui connut son pic d'activités avec la campagne de l'anacarde, prévoit une baisse importante de son chiffre d'affaires. C'est toute une filière, alors qu'elle s'apprêtait à prendre son envol, qui est sévèrement impactée en raison de la crise du Covid-19, qui n'épargnera même pas la mangue, pour les mêmes raisons, liées au manque d'acheteurs. Les deux sources principales de l'économie agricole sont ainsi « infectées » dans cette région, qui présente déjà des faiblesses majeures liées aux effets des changements climatiques, à la salinisation des terres, la baisse de la fertilité et de la productivité des sols, au sous-équipement des exploitations agricoles, etc. La situation que vivent les paysans sénégalais est la même dans la majorité des pays africains. L'Afrique demeure le continent le plus rural du monde. Pourtant, elle ne parvient toujours pas à atteindre son autosuffisance alimentaire, autosuffisance prônée depuis l'accession à l'indépendance des pays du Continent.

---

[26]**APANEWS**, COVID-19 : le monde rural sénégalais au bord du gouffre, 5 Mai 2020.

Le principal risque induit par la pandémie est l'augmentation des prix des produits de première nécessité en raison des pénuries. Si les importations de ces produits diminuaient, en particulier le riz, une inflation se produirait immanquablement, car le riz est le produit le plus consommé au Sénégal et dans la plupart des pays africains. Selon SALIOU SARR[27], économiste agricole, pour couvrir les besoins nationaux, estimés à 1 350 000 tonnes, le Sénégal est contraint de recourir annuellement à des importations de riz toujours plus importantes, de près de 1,3 million de tonnes de riz blanc. Cette dépendance du Sénégal au marché international pour le fournir en riz, première denrée de nécessité de ses populations, place le pays dans une situation d'insécurité et d'instabilité alimentaires.

En tout état de cause, les pays africains devraient s'interroger sur leurs difficultés persistantes à faire face à leurs missions essentielles : nourrir les populations, créer des emplois et fournir un cadre de vie propice aux populations rurales.

[27]**SALIOU SARR**, covid19 et risques de pénurie de riz et d'augmentation des prix au Sénégal, lequotidien.sn, 12 mai 2020.

9
L'ECONOMIE MONDIALE INTUBEE

La situation actuelle, liée au coronavirus, a un impact profond sur tous les types d'entreprises. Avec l'arrêt temporaire de certaines entreprises et le ralentissement des activités pour nombre d'entre elles, les conséquences de la pandémie sont encore plus néfastes pour l'économie mondiale que celles qui ont été provoquées par la grande crise financière de 2007-2008.

Alors que la pandémie de Covid-19 (coronavirus) continue de se propager, gouvernements et services d'urgence se concentrent sur les besoins immédiats : renforcer les capacités des hôpitaux, lutter contre la faim et protéger les entreprises et les familles des risques d'expulsion et de faillite[28].

Cependant, plusieurs pays commencent à réfléchir à la prochaine phase du redressement ainsi qu'au rôle qu'une action publique forte pourrait jouer afin de stimuler la demande, assurer des revenus de remplacement et promouvoir de nouveaux investissements. L'économie mondiale a besoin, de toute urgence, d'être assistée . C'est dès aujourd'hui que l'on doit commencer à songer à des portes de sortie. L'économie mondiale est durement éprouvée. Les grandes puissances ont subi un choc

---

[28] **STEPHEN HAMMER et STÉPHANE HALLEGATTE**, Planifier la reprise économique après la pandémie de Covid-19 : une grille d'évaluation de la durabilité à l'intention des décideurs publics, 14 AVRIL 2020 https://blogs.worldbank.org/fr/.

important avec l'arrêt de la plupart de leurs activités économiques.

Pour élaborer ces programmes de relance, les gouvernements doivent intégrer de multiples paramètres : besoins immédiats, capacités des institutions locales, conditions du marché, marges de manœuvre pour emprunter et héritage des choix infrastructurels passés. Ils peuvent aussi évaluer leurs options d'intervention et d'investissement à l'aune d'autres critères : le potentiel de création d'emplois, le temps nécessaire à l'obtention des premiers résultats, la capacité des investissements publics à mobiliser des financements privés en appui aux projets, etc.

Le Fonds Monétaire International (FMI) a réévalué les perspectives de croissance pour 2020 et 2021 et a déclaré que nous étions entrés en récession, une récession aussi grave, voire plus grave, que celle de 2009. Selon ANTONIO GUTERRES, Secrétaire Général de l'ONU[29], il s'agit de réagir collectivement, de manière décisive et innovante, pour empêcher la propagation du virus et faire face aux ravages socioéconomiques que la COVID-19 cause dans le monde entier. Il faut que les différents pays s'unissent, non seulement pour combattre le virus, mais aussi pour faire face à ses répercussions profondes.

Selon les Nations Unies, il est nécessaire d'élaborer des politiques budgétaires et monétaires qui permettent d'accorder directement des ressources aux travailleurs et aux ménages, d'offrir une assurance maladie et une assurance chômage, d'améliorer la protection sociale et de renforcer l'aide aux entreprises afin d'éviter les faillites et les pertes d'emplois massives.

---

[29]UN, SHARED RESPONSIBILITY, GLOBAL SOLIDARITY: RESPONDING TO THE SOCIO-ECONOMIC IMPACTS OF COVID-19, March 2020.

Il faut une réponse multilatérale à grande échelle, qui soit coordonnée et globale et qui représente au moins 10 % du PIB mondial. Par conséquent, la solidarité internationale permettra au monde d'être plus résilient face à cette pandémie et d'aborder l'avenir avec sérénité. À l'issue de cette crise, les pays du monde devraient mettre l'accent sur l'édification d'économies et de sociétés plus égales, plus inclusives et plus durables, qui soient plus résistantes face aux pandémies, aux changements climatiques et aux nombreux autres défis mondiaux que nous devons relever[30].

---

[30]UN, SHARED RESPONSIBILITY, GLOBAL SOLIDARITY: RESPONDING TO THE SOCIO-ECONOMIC IMPACTS OF COVID-19, March 2020.

10
La place de la foi dans le contexte de la Covid-19

L'épidémie de coronavirus a perturbé nos vies personnelles et spirituelles. Les chrétiens du monde sont privés de messe, d'enseignement et d'eucharistie. Les musulmans ont fermé leurs mosquées. Les images saisissantes de l'esplanade de la Kaaba vide ont fait le tour du monde. Le lieu le plus saint de l'islam, la Grande mosquée de la Mecque, a été temporairement fermé le 5 mars pour lutter contre la propagation du coronavirus. Combien d'événements religieux (musulmans et chrétiens) ont été annulés cette année ? Quel est l'impact économique de ces annulations de grands rendez-vous annuels ?

Sans manifester de grande réticence, les croyants du monde entier ont accepté de rester chez eux afin de ne pas contracter la maladie et la disséminer dans leur entourage. Les autorités religieuses du monde entier s'accordent sur le fait qu'il est tout à fait possible de prier chez soi en cas d'épidémie. Néanmoins, les conséquences économiques de cette situation sont énormes. En Arabie Saoudite, par exemple, le tourisme religieux est la deuxième source de revenus du Royaume après le pétrole, notamment grâce au pèlerinage à La Mecque[31]. Ainsi, le tourisme religieux rapporte chaque année des dizaines de milliards de dollars au Royaume saoudien, qui fait de ce tourisme l'un de ses

[31]https://www.liberation.fr/planete/2019/08/10/le-hajj-ce-pelerinage-tres-lucratif-pour-l-arabie-saoudite_1744622.

fers de lance économiques. Les revenus pétroliers du pays ayant chuté lourdement avec la baisse des prix du baril, le prince héritier MOHAMMED BEN SALMANE (MBS) a lancé en 2016 l'ambitieux plan « Vision 2030 », visant à diversifier l'économie du pays. Dans ce but, l'Arabie Saoudite prévoit notamment d'augmenter le nombre de pèlerins venus de l'étranger de 9 à 30 millions d'ici 2030, Hajj et Umra (petit pèlerinage non obligatoire, réalisable toute l'année) confondus. Les pertes économiques occasionnées par la crise sanitaire sont considérables pour l'Arabie Saoudite, tant pour le Royaume (frais de visa de chaque pèlerin) que pour les particuliers qui ont investi dans des chaînes hôtelières, les restaurants et le transport.

À petite échelle, le tourisme religieux qui s'est développé au Maroc depuis quelques années va connaître des pertes économiques considérables. Fez, ville religieuse du Maroc, accueille chaque année des milliers de pèlerins[32]. Si ce pèlerinage n'est pas nouveau, car il date de plus d'un siècle, ce n'est que depuis une dizaine d'années qu'il a pris de l'ampleur, devenant un véritable phénomène de société au Sénégal et un important enjeu commercial et diplomatique pour le Maroc.

Tout comme les musulmans, pour les fidèles catholiques, le pèlerinage à Rome a été annulé. Là aussi, des pertes énormes pour l'État d'accueil ont été à déplorer. Des milliers de fidèles affluent chaque année vers Rome et les autres cités de pèlerinage des chrétiens. Au-delà des rentrées d'argent liées aux frais de visas et autres taxes, le commerce sous-jacent des pèlerins est non négligeable.

---

[32] **NAZARENA LANZA**, « Pèleriner, faire du commerce et visiter les lieux saints : Le tourisme religieux sénégalais au Maroc », L'Année du Maghreb [En ligne], 11 | 2014, mis en ligne le 02 décembre 2014, consulté le 31 mai 2020. URL : http://journals.openedition.org/anneemaghreb/2289 ; DOI : https://doi.org/10.4000/anneemaghreb.2289.

ALBRECHT BURKARDT[33], dans son ouvrage *Commerce et dévotions. Traditions historiographiques et recherches récentes*, parle de « l'économie des dévotions ». Il montre que depuis très longtemps, les activités économiques – en particulier commerçantes – entretiennent des relations avec les pratiques dévotionnelles. Les pèlerins musulmans, comme chrétiens, n'hésitent jamais à acheter des présents pour les parents restés au pays en guise de souvenir de ce voyage historique. Des millions d'euros sont dépensés chaque année dans le commerce lié au pèlerinage. Finalement, l'impact économique négatif de la Covid-19 sur les pratiques religieuses est considérable. Les grands foyers religieux du monde vont perdre énormément de à la suite de ces annulations d'évènements religieux. Néanmoins, les autorités religieuses et étatiques prennent ces pertes avec beaucoup de philosophie car la religion musulmane apprend à chaque fidèle que le corpus des hadiths prophétiques permet de privilégier les vertus de l'action en faveur de la préservation de la santé à la prière collective.

---

[33]**ALBRECHT BURKARDT**, L'économie des dévotions », (dir.) ISBN 978-2-7535-4890-9 Presses universitaires de Rennes, 2016, www.pur-editions.fr.

11
Le fonds Covid19 pour les entreprises senegalaises

À l'image des autres pays du monde, le Sénégal a subi les effets néfastes de la pandémie de la Covid-19 et les entreprises sénégalaises n'ont pas été épargnées par la situation économique catastrophique au niveau mondial. Pour éviter des problèmes plus aigus et susceptibles de provoquer des faillites pour les entreprises et aggraver la précarité des populations, l'État du Sénégal a mis en place un fonds destiné à l'appui de ces dernières. Ce Fonds de Riposte et de Solidarité contre les effets de la Covid-19, dénommé *FORCE-COVID19*, ou encore Programme de Résilience Économique et Sociale (PRES), d'une valeur de 1000 milliards de francs CFA, a été annoncé par le président de la République dès le début de la lutte contre le fléau. En plus de ce fonds, le président a annoncé une remise partielle de la dette fiscale constatée au 31 décembre 2019, dette que les entreprises et les particuliers doivent à l'État et qui s'élève à 200 milliards de francs CFA.

Pour les entreprises sénégalaises touchées par la pandémie, l'État a débloqué une enveloppe de 200 milliards de francs CFA en guise d'appui. À cela s'ajoute un prêt de 49 milliards de francs CFA accordé au Sénégal par la Banque Européenne d'Investissement (BEI) au profit des entreprises dans le cadre de la lutte contre la Covid-19.

Pour une politique optimale de répartition de ce fonds destiné à soutenir les entreprises et les ménages, le président de la République a nommé par décret un Comité Force Covid19 afin de veiller à une bonne répartition des fonds. Ce Comité de veille supervise la distribution des ressources pour s'assurer de l'accès au fonds des entreprises et des ménages les plus nécessiteux et impactés directement par la pandémie.

L'État du Sénégal a tenté de mettre en œuvre toutes les dispositions possibles pour maintenir les entreprises dans une dynamique économique qui leur permettrait d'éviter les problèmes économiques induits par la pandémie de la Covid-19. Cependant, malgré le fonds et le prêt octroyés aux entreprises sénégalaises dans ce cadre, ces dernières sont toujours confrontées à des difficultés économiques, notamment les Petites et Moyennes Entreprises (PME).

Depuis la fermeture des frontières, les exportations du Sénégal ont connu une baisse importante. Selon l'APS (2020), dès les premiers mois de la pandémie, elles ont reculé, passant de 207 milliards de francs CFA en mars 2020 à 193 milliards de francs CFA au mois d'août 2020, d'après les propos du directeur adjoint du commerce extérieur du Sénégal[34].

Les difficultés économiques des entreprises dues à la pandémie de la Covid-19 doivent constituer une leçon pour l'ensemble des pays, notamment les plus faibles d'entre eux, comme le Sénégal. Cette situation doit pousser ce type de pays à prendre les devants pour minimiser les dégâts en cas de situations futures semblables à la pandémie de la Covid19, des situations susceptibles de mettre en grande difficulté les entreprises et l'économie en général. Dans ce but, des stratégies économiques doivent être élaborées afin

---

[34] APS, Le directeur adjoint du commerce extérieur souligne l'impact du Covid sur les exportations sénégalaises, 18 septembre 2020, consulté le 17 octobre 2020, http://www.aps.sn/actualites/economie/commerce/article/.

que nos sociétés ne se trouvent pas à nouveau submergées par les effets causés par une pandémie mondiale.

Certes, l'État du Sénégal a tenté de mettre en œuvre des leviers pour pallier les difficultés économiques engendrées par la pandémie de la Covid-19, mais les mesures prises n'ont pas permis aux entreprises de faire face aux problèmes économiques. L'autre problème est d'ailleurs lié à la question de la transparence dans la gestion du fonds destiné à relancer l'économie en général et les entreprises en particulier. Si l'on analyse l'exemple des écoles et instituts privés de formation et aux entreprises hôtelières, davantage touchées du fait du confinement, l'on constate toutes les difficultés dans lesquelles se trouvent ces derniers ainsi que les problèmes occasionnés dans le cadre de la distribution du fonds aux ayants droit.

Pour soutenir leur économie, les États mènent des politiques différentes. De nos jours, les politiques autarciques disparaissent de plus en plus et laissent place à des politiques tournées vers l'autre. Les dirigeants ont compris que désormais, pour renforcer la résilience face aux différentes contraintes du développement, ils leur sont indispensable de coopérer avec leurs pairs. Cette coopération est à la fois bilatérale et multilatérale.

Les relations diplomatiques entre pays sont en effet de plus en plus économiques. Les États cherchent à nouer des partenariats soit pour conquérir des marchés extérieurs, soit pour pousser les entreprises étrangères à investir chez eux. Les stratégies adoptées dépendent le plus souvent du niveau économique des pays. Les pays développés et ceux à forte croissance économique sont davantage portés vers la conquête de marchés extérieurs. En revanche, les pays à économie faible, comme le Sénégal, cherchent à attirer des investisseurs capables de stimuler leur économie.

La France, la Chine et la Turquie sont des pays qui illustrent parfaitement ces exemples d'États en quête de marchés extérieurs. Pour mieux soutenir et favoriser leur économie, ils cherchent à développer leurs affaires partout à travers le monde. Cette stratégie se réalise à travers la promotion de leur culture, l'institution d'agences de coopération et l'appui aux multinationales. Toutes ces politiques sont le plus souvent orientées vers les pays sous-développés, surtout africains, à l'image du Sénégal, qui offre d'énormes opportunités d'investissements.

Les agences de coopération sont les auxiliaires financiers des pays et contribuent à l'exécution des projets. Les multinationales implantent des filiales à l'extérieur et, souvent, collaborent avec des acteurs locaux. Elles concluent aussi des contrats de concessions pour l'exploitation de certaines infrastructures pour des durées bien déterminées.

Contrairement à ces pays, dont la diplomatie économique est trop orientée vers la conquête de marchés extérieurs, le Sénégal opte plutôt pour la promotion des investissements sur son territoire. Une série de réformes permettant de promouvoir l'image économique du pays et d'assainir l'environnement des affaires ont été entreprises, accompagnées de la création d'agences dédiées. L'objectif est d'attirer des investisseurs susceptibles de relever la vie économique et de créer des emplois. Ne disposant pas de multinationales capables de rivaliser avec celles des grandes puissances, l'État a donc mis en place des structures comme l'ADEPME, dont la mission est d'accompagner les PME et PMI et de promouvoir parallèlement le label « Made in Sénégal ». Ces mesures visent à créer des champions locaux, un secteur privé national fort avec l'appui de partenaires techniques et financiers.

Nonobstant ces éléments de divergence, la diplomatie économique sénégalaise présente des points de similitude avec ses homologues française, chinoise et turque. Les pays implantent des représentations diplomatiques dans les États partenaires, nouent des accords bilatéraux et multilatéraux, organisent des tournées et des manifestations économiques.

Quels que soient les points de divergence, il est important de retenir que toutes les politiques économiques entreprises ambitionnent de promouvoir l'image économique des pays pour des investissements structurants, durables et créateurs d'emplois.

Par ailleurs, l'économie sénégalaise fait face à d'énormes difficultés qui maintiennent toujours le pays dans son état de sous-développement. Ces facteurs sont à la fois structurels et conjoncturels, internes et externes. Des solutions existent pour soutenir et relancer l'économie, comme les nominations à des postes de diplomates des entreprises.

À ces difficultés vient s'ajouter la crise de la covid-19, qui a remis en cause les efforts consentis depuis forts longtemps. À l'échelle internationale, afin d'endiguer la pandémie, la réaction fut presque unanime : fermeture des frontières, couvre-feu, état d'urgence. Ces mesures ont porté un coup sévère à l'économie mondiale et les différents pays tentent par différents mécanismes de relancer leur économie.

À travers le PRES, le gouvernement sénégalais a apporté son soutien aux entreprises, aux familles, aux Sénégalais de la diaspora les plus touchés par les conséquences de la crise, même si cette action gouvernementale n'a pas suffi à les protéger totalement des graves conséquences économiques de la crise. Le Sénégal a aussi compris qu'il ne sera pas en mesure de se relever seul de cette situation mondiale, d'où son ouverture à ses partenaires techniques et financiers. Le conseil présidentiel organisé pour la relance de l'économie a réorienté le Plan d'Action Prioritaire PAPII du PSE pour une meilleure résilience économique. De plus, le gouvernement a réalisé qu'avec les mesures protectionnistes prises au plan international pour contrecarrer la pandémie et ses conséquences sur l'économie mondiale, il est important de créer des champions nationaux capables de soutenir l'économie nationale. Le Club des Investisseurs Sénégalais (CIS) est ainsi invité à s'impliquer davantage dans les grands projets et programmes, voir à racheter des parts du capital des entreprises étrangères.

12
La communaute mouride de la diaspora

L'islam est la religion la plus répandue au Sénégal. La communauté mouride est la plus active parmi les confréries islamiques du pays. Le mouridisme est une confrérie soufie fondée à la fin du XIXe siècle par Cheikh Ahmadou Bamba dans un contexte de colonisation française au Sénégal. La tradition mouride est fortement marquée par la culture wolof (ethnie majoritaire dans le pays). À l'époque de la naissance du mouridisme, le développement personnel et l'épanouissement spirituel étaient difficiles à réaliser pour les indigènes en raison de la colonisation et de l'aristocratie Ceddo. « C'est dans cette atmosphère que Cheikh Ahmadou Bamba (1853-1927), conscient de l'enjeu de l'éducation spirituelle chez les populations indigènes, a proposé une alternative à la population désemparée malgré la présence des missionnaires et du gouverneur français. »[35]

À la fin des années 1970, plusieurs « aléas de la vie et le démantèlement des structures agricoles prévu par les Plans d'Ajustement Structurel (PAS) font de nombreuses victimes dans les campagnes. Par la suite, la dévaluation du franc CFA en 1994 ne cessera d'accroitre la pauvreté

---

[35] BEYE CHEIKHOUNA, La communauté mouride du Sénégal et de la diaspora : pour une approche communicationnelle de la tradition et de l'écriture en contexte de transformation médiatique, Héritage culturel et muséologie. Université d'Avignon, 2014.

notamment dans les zones rurales les plus défavorisées. »[36] Cette situation a provoqué la précarité dans les campagnes en raison du recul de la production agricole, recul également lié à la succession des années de sécheresse. Un exode rural massif des jeunes de la campagne vers les villes, où ils ont développé de nouvelles activités liées au commerce du fait du manque d'emplois, s'en est suivi. Les jeunes mourides ont exporté ces différentes activités commerciales qu'ils ont développées à Dakar, dans les villes des pays africains puis dans celles des pays développés.

L'émigration de la diaspora mouride a été facilitée par les guides religieux de cette confrérie. Ces derniers ont usé de leur notoriété et de leur influence pour emmener à l'étranger nombre de jeunes de la confrérie.

La diaspora mouride est disséminée partout dans le monde et contribue à sa manière au développement du Sénégal. « Les membres de la confrérie mouride se trouvent dispersés dans le monde entier et servent le projet commun de la confrérie en maintenant avec leur ville des relations à distance par l'intermédiaire des marabouts ; des investissements immobiliers résidentiels, des familles installées à Touba, du pèlerinage annuel, etc. »[37] Les différentes cotisations, à travers les *dahiras*, permettent à cette diaspora de faire du mouridisme la confrérie la plus active du Sénégal. Avec l'achat de cartes de membre, les cotisations pour la réalisation d'investissements à Touba, ils ont fait de cette ville l'une des plus prospères du Sénégal. En termes de population, cette ville est la troisième plus grande du pays. « La confrérie est essentiellement

---

[36] MAESTRO SUSANA MORENO, Le Mouridisme au sein de l'immigration sénégalaise : agent de développement, le cas de l'Andalousie, Les Cahiers du Gres, 2006, 110 pages.
[37] *Ibid.*

alimentée par l'argent de l'émigration. »[38] La mosquée Massalikoul Djinane de Dakar, inaugurée en septembre 2019, est l'une des œuvres les plus grandioses de cette confrérie (projet de 20 milliards de francs CFA), réalisation dont la participation de la diaspora mouride a sans conteste été très importante. Cette diaspora contribue aussi au rayonnement du magal de Touba, qui se tient chaque année pour commémorer le départ en exil de Cheikh Ahmadou Bamba, fondateur du mouridisme, au Gabon, en 1895. La participation financière de la diaspora mouride à cet évènement a été très importante.

La diaspora mouride joue un rôle déterminant dans le développement socio-économique du Sénégal par le transfert de fonds destinés aux familles restées au pays, le financement de projets et d'activités de la confrérie ainsi que la création d'entreprises au niveau national et africain. Sa contribution à la diplomatie économique du pays est importante.

---

[38] *Ibid.*

13
DOSSIER DES SENEGALAIS RESIDANT A L'ETRANGER (SRE)

Une importante communauté de Sénégalais réside à l'étranger. Ces Sénégalais de la diaspora jouent un rôle déterminant dans le développement économique de leur pays à différents niveaux. Pour qu'elle arrive à jouer pleinement son rôle, la diaspora sénégalaise nécessite un accompagnement. « La prise en compte de la diaspora sénégalaise, par-delà la dimension de son importance numérique et qualitative, de sa répartition géographique et de son impact économique et social, ne pourrait être complète si le volet de sa prise en charge en terme de protection, d'assistance et de conseil n'entrait pas dans les principales missions dévolues au Ministère des Sénégalais de l'Extérieur. »[39] La protection des Sénégalais de l'extérieur fait partie des priorités de l'État du Sénégal. C'est pourquoi ce dernier a installé partout dans le monde des ambassades et des consulats afin de se rapprocher de ses citoyens expatriés. Plusieurs missions diplomatiques existent au niveau mondial pour assurer la protection, la sécurité et l'assistance à la diaspora disséminée dans les différents pays.

L'État du Sénégal, par l'entremise de ses représentations diplomatiques à l'étranger (ambassades et consulats), a décliné de manière claire et cohérente les options et axes

---

[39] Ministère des Sénégalais de l'Extérieur, Guide du sénégalais de l'extérieur, mai 2007.

stratégiques pour prendre en charge de façon efficace les préoccupations et les attentes de la diaspora sénégalaise. Cette prise en charge se réalise sur le plan consulaire, juridique, social, économique et financier.

La gestion des dossiers des Sénégalais de l'extérieur s'effectue par une analyse de l'état des lieux à travers l'immatriculation consulaire, la déclaration à l'état civil et le recensement.

L'immatriculation consulaire présente un double avantage. Elle permet aux Sénégalais résidant à l'étranger de bénéficier de la protection des missions diplomatiques. Les Sénégalais de la diaspora qui détiennent la carte consulaire bénéficient d'un certificat de déménagement lors de leur retour définitif au Sénégal.

Le recensement des Sénégalais de la diaspora permet de mieux les assister. La déclaration à l'état civil facilite leur retour au pays et permet l'obtention des pièces nécessaires pour les besoins administratifs au Sénégal.

« Pour marquer l'importance particulière qu'il attache à l'assistance et à la protection des sénégalais résidant à l'étranger, le Ministère des Sénégalais de l'Extérieur compte parmi ses agents, des assistantes sociales dont la mission est de veiller à la demande sociale des sénégalais de l'extérieur, notamment ceux qui sont en difficulté. »[40]

L'accompagnement des Sénégalais de la diaspora par leur Ministère de tutelle s'effectue par le rapatriement sanitaire (malades et personnes âgées en situation de détresse), le rapatriement des sénégalais en difficulté (émigrés clandestins refoulés ou en cas de conflit dans le pays d'accueil), le rapatriement des dépouilles mortelles (réduction des frais d'enlèvement de la dépouille payés à la

[40] *Ibid.*

douane). En ce qui concerne la protection sociale et sanitaire, le Ministère apporte son soutien aux expatriés.

La majeure partie des Sénégalais de l'extérieur retournent au Sénégal et ont besoin d'une insertion dans les circuits économiques et d'un logement. C'est la raison pour laquelle l'État du Sénégal a mis en place un important dispositif pour encourager l'initiative privée et accompagner les entrepreneurs de la diaspora en facilitant les procédures de création d'entreprises et d'accès à la propriété foncière. Ils bénéficient de plusieurs avantages pour la création d'entreprises, avec notamment une multitude de sources de financement mises à leur disposition. Pour l'habitat social, ils bénéficient des mêmes avantages que pour la création d'entreprises.

La gestion des dossiers des Sénégalais résidant à l'étranger fait partie des priorités de l'État. Ces Sénégalais de la diaspora contribuent de façon efficace au développement économique et social du Sénégal par les transferts de fonds aux familles restées au Sénégal et par l'investissement, via la création d'entreprises et ses avantages divers (création d'emplois et réduction du taux de chômage, taxes et redevances perçues par l'Etat du Sénégal, etc.).

14
LA DIPLOMATIE CULTURELLE ET RELIGIEUSE

Au Sénégal, la culture et la religion sont deux aspects très importants pour la société. Depuis l'indépendance du pays en 1960, presque tous les gouvernements ont eu un ministère chargé de la culture. Durant l'avènement d'Abdoulaye WADE, le pays a même eu un ministère chargé des affaires religieuses. Tous ces faits prouvent l'importance que la population et l'État donnent à la culture et à la religion. Dans les programmes scolaires et universitaires sénégalais, ces deux aspects occupent aussi une place très importante.

La culture et la religion contribuent au développement économique et social du pays et favorisent la cohabitation paisible entre les différentes communautés qui composent le Sénégal. Le respect mutuel entre les cultures ainsi que les différentes religions est un gage de paix entre les peuples. Ces éléments sont très importants dans la mesure où plusieurs pays africains ont connu des conflits interethniques ou interreligieux, ce qui n'est pas le cas du Sénégal. Pour attirer les investisseurs, il faut au préalable leur assurer un environnement politique, social et économique stable, d'où l'importance du rôle que jouent la culture et la religion dans l'instauration de la paix et de la sécurité au sein du Sénégal.

Dans cette partie, nous mettrons l'accent sur l'influence extérieure de la culture sénégalaise comme élément d'attraction d'investisseurs ainsi que sur le rôle joué par la religion dans la promotion du pays, particulièrement la confrérie mouride, à travers certaines de ses manifestations organisées à l'étranger.

15
La diplomatie culturelle du Senegal

« La diplomatie culturelle peut être décrite au mieux comme un plan d'action, qui est basé sur l'échange d'idées, de valeurs, de traditions et d'autres aspects de la culture ou de l'identité, que ce soit pour renforcer les relations, renforcer la coopération socioculturelle, promouvoir les intérêts nationaux et au-delà ; la diplomatie culturelle peut être pratiquée par le secteur public, le secteur privé ou la société civile. »[41]

La culture sénégalaise rayonne dans le monde grâce à ses acteurs clés comme les grands artistes, les grandes manifestations culturelles, les hauts lieux historiques et culturels qui drainent de nombreux touristes provenant de divers horizons, etc.

Parmi les grands artistes sénégalais de renommée internationale qui vendent la « destination Sénégal », citons :

- YOUSSOU NDOUR, un artiste musicien et compositeur sénégalais dont la musique est connue presque partout dans le monde. Il est considéré comme l'un des plus grands chanteurs de la planète. Il a été désigné « l'Ambassadeur culturel de l'Afrique de l'Ouest dans

---

[41] **INSTITUT FOR CULTURAL DIPLOMACY (ICD)**, What is cultural diplomacy? http://www.culturaldiplomacy.org/index.php?en_culturaldiplomacy.

le monde » (New York Times), et a été nommé Ambassadeur itinérant de l'UNICEF le 3 avril 1991. »[42]

Au travers de sa voix, YOUSSOU NDOUR a fait connaître le Sénégal et la culture sénégalaise. Il a eu une influence substantielle dans la reconnaissance de la musique africaine en général et sénégalaise en particulier. Grâce à lui, le mbalax (musique traditionnelle rythmée originaire du Sénégal) a rayonné dans le monde. « YOUSSOU NDOUR a eu une influence importante dans la création du mbalax, un style pop africain résolument moderne qui s'inspire d'éléments rythmiques sénégalais traditionnels et de styles internationaux. En 2005, son album Égypte a gagné le Prix de la meilleure musique mondiale contemporaine aux Victoires de la musique. »[43]

Il a fait connaître le Sénégal en partenariat avec plusieurs organismes internationaux, comme l'UNICEF, et grâce à sa fondation. Il a une influence internationale, même sur les plus hautes personnalités du monde. Grâce à sa musique, il a fait le tour du monde à plusieurs reprises et a pu rencontrer les plus grandes personnalités internationales.

« D'ailleurs, ces rencontres m'ont permis de faire partie de ceux qui ont réussi à faire annuler la dette des pays pauvres. J'ai insisté auprès du défunt président français Jacques Chirac et de Lionel Jospin afin qu'ils passent là-dessus. Vous voyez souvent mes clichés avec des politiques de la trempe de George Bush, Angela Merkel et consorts. Ce sont eux qui me sollicitent et dans ces cas, il ne faut juste pas se contenter de prendre la pose. Il faut en profiter pour parler des choses sérieuses qui préoccupent l'Afrique.

---

[42] https://www.unicef.org/french/people/people_youssou_ndour.html.
[43] https://www.unicef.org/french/people/people_youssou_ndour.html.

Toujours par la musique, j'ai pu accéder à la Maison Blanche, m'entretenir dans le bureau ovale avec Bush. »[44]

Ces propos de l'artiste international sénégalais montrent qu'au-delà de la musique, il est une icône mondiale très influente du point de vue diplomatique. On peut considérer qu'il est une sorte d'ambassadeur itinérant du Sénégal et de tout le continent africain. Il a eu une influence économique importante auprès des créanciers internationaux des pays en voie de développement. Cette influence est matérialisée par le rôle qu'il a joué, d'après lui, pour l'annulation de la dette des pays pauvres.

Il a été élevé au rang de Docteur *honoris causa* par la prestigieuse université de Yale aux Etats-Unis. Cette distinction est un titre honorifique décerné aux hautes personnalités. YOUSSOU NDOUR, au-delà de son rayonnement international, qui a fait connaitre le Sénégal à travers la planète, et sa contribution à la diplomatie culturelle et économique du pays, a joué un rôle important dans la construction du Musée des Civilisations Noires de Dakar. D'après YOUSSOU NDOUR, le Musée des civilisations noires est mise en œuvre grâce à sa musique, car après avoir été nommé ministre de la Culture en 2012, le dossier du Musée des civilisations noires lui a été soumis. Et collaboration avec la Chine, le Musée a été construit. [45]

Il contribue également à la création de richesses sur le plan national par ses multiples investissements dans plusieurs secteurs comme la communication, via son groupe de presse « Groupe Futurs Média ». À travers ses

---

[44] http://www.emedia.sn/YOUSSOU-NDOUR-LE-MUSEE-DES-CIVILISATIONS-NOIRES-C-EST-LE-FRUIT-DE-MA-MUSIQUE.html.

[45]http://www.emedia.sn/YOUSSOU-NDOUR-LE-MUSEE-DES-CIVILISATIONS-NOIRES-C-EST-LE-FRUIT-DE-MA-MUSIQUE.html.

investissements, il emploie plusieurs dizaines de personnes et contribue à la réduction du taux de chômage.

« En 2003, le chanteur a créé la Fondation YOUSSOU NDOUR (Réseau des jeunes pour le développement) dont la mission est d'améliorer la vie des enfants africains en donnant aux familles et aux communautés les moyens d'assoir leur développement économique durable. »[46] Son soutien à la cause sociale est sans commune mesure. Avec l'UNICEF et sa fondation, il a œuvré pour l'enfance partout dans le monde. L'UNICEF étant une vitrine internationale, représenter cette organisation contribue à promouvoir la « destination Sénégal » partout où l'UNICEF est représentée dans le monde.

YOUSSOU NDOUR a fait connaitre le Sénégal et sa culture au niveau mondial grâce à sa prestigieuse œuvre musicale et sa renommée internationale. « YOUSSOU NDOUR est un chanteur si extraordinaire que l'histoire de l'Afrique semble résonner dans sa voix », écrivait également BRIAN CULLMAN dans ROLLING STONE. Il a véritablement contribué au rayonnement du Sénégal sur le plan international.

- Les artistes plasticiens jouent un rôle déterminant dans le rayonnement culturel sénégalais. Dans l'art plastique, la peinture et la sculpture sont les disciplines plus pratiquées au Sénégal. Selon ABDOU SYLLA, 80 % des artistes plasticiens sénégalais pratiquent la peinture et 10 % d'entre eux évoluent dans le domaine de la sculpture[47].

Les artistes plasticiens ont représenté et continuent de représenter le Sénégal. Grâce à leurs talents, ils sont connus

---

[46] https://www.unicef.org/french/people/people_youssou_ndour.html.

[47] ABDOU SYLLA, Les arts plastiques sénégalais contemporains : évolution et tendances (2ème partie), Ethiopiques n°81, Littérature, philosophie et art, 2ème semestre 2008.

à travers le monde, particulièrement en Europe et en Amérique du Nord. Ils vendent la « destination Sénégal » et font connaître la culture sénégalaise à travers leurs magnifiques œuvres. La plupart d'entre elles retracent l'histoire du Sénégal, dévoilent la face cachée de la culture du pays avec une adaptation aux réalités du moment.

Ils représentent le Sénégal dans les plus grandes exposions internationales. Leur présence dans les galeries des grandes villes mondiales entraîne un effet positif pour la diplomatie économique du Sénégal grâce à la vente de leurs œuvres mais aussi à la rencontre de grands décideurs internationaux qui achètent leurs œuvres. À travers leurs œuvres, ils représentent le Sénégal dans le monde et contribuent à l'attraction de touristes mondiaux sur le territoire sénégalais. Grâce à l'art et aux artistes, le Sénégal accueille de nombreux touristes chaque année. Le tourisme culturel est l'un des éléments essentiels du secteur, qui contribue à la création de richesses et d'emplois non négligeable dans un pays où le taux de chômage est élevé.

Des artistes comme MOUSSA SENE ABSA, KINE AW, KARA FALL, CHERIF THIAM et MAKHONE ISSA DIOP, pour ne citer qu'eux, ont exposé leurs œuvres sur le plan international[48], comme au Complexe Desjardins (Montréal), à la Galerie Lakaye (Los Angeles- USA), à la Galerie Goldene Nudele (OberRamstadt-Allemagne), à la Caribbean Art Gallery (Brige Town), à New York- (Clovers Fine Art Gallery), au Danemark- Copenhague (Crystiania), etc.

La biennale de Dakar ou Dak'art est l'une des plus prestigieuses expositions africaines. Elle attire de nombreux artistes et visiteurs issus du monde entier. La 13e édition du Dak'art, qui s'est tenue du 3 mai au 2 juin 2018,

[48] CREARTS.AFRICA, https://www.crearts-africa.com/artistpage.

a enregistré la participation de 75 artistes venus de 33 pays. Cette manifestation phare de l'agenda culturel d'Afrique et de sa diaspora a largement fait ses preuves en termes de rayonnement international et d'adhésion des milieux de l'art[49]. Ce rayonnement international du Dak'art constitue un atout majeur pour la diplomatie économique sénégalaise.

En plus du Dak'art, plusieurs évènements culturels contribuent au rayonnement de la diplomatie économique sénégalaise. Il s'agit du Festival International de Jazz de Saint-Louis, du Gorée Diaspora Festival, du Festival de Cinéma Image et Vie, du Festival National des Arts et de la Culture, de la Foire Internationale du Livre et du Matériel Didactique, le Kankourang de Mbour, etc. Ces évènements participent au développement de l'activité touristique, avec tous les avantages que le pays et la population en tirent en termes de retombées financières et de réduction du taux de chômage par la création de nombreux emplois.

Le Sénégal présente un patrimoine historique, culturel et naturel qui renforce sa visibilité sur le plan international et participe à l'émergence de sa diplomatie économique. Parmi ces différents éléments patrimoniaux, le patrimoine matériel regroupe plusieurs catégories :

- le patrimoine mobilier : peintures, sculptures, monnaies, instruments de musique, manuscrits, armes... (Archives nationales, sabre d'EL HADJ OMAR…) ;

- le patrimoine culturel immobilier : monuments, sites archéologiques ;

- les lieux historiques, comme l'Ile de Gorée (la maison des esclaves), la ville de Saint- Louis.

- Pensons également au patrimoine naturel ayant des aspects culturels : paysages culturels, formations

[49] Dak'art 2018, https://biennaledakar.org/2018/dakart-2018/.

physiques, biologiques et géologiques (parc national de Niokolo-Koba…).

L'ensemble de ce riche patrimoine participe au développement économique du Sénégal. Il est important pour l'État du Sénégal de le protéger et de le promouvoir. Il s'agit d'une vitrine à travers laquelle l'image de marque du pays est connue et reconnue sur le plan international. La maison des esclaves de Gorée, par exemple, est un haut lieu historique qui reliait trois continents à travers le commerce des esclaves, appelé « commerce triangulaire » (Europe, Afrique, Amérique). Grâce à son histoire très riche, l'île de Gorée est classée patrimoine historique mondial par l'UNESCO. À travers elle, le Sénégal est beaucoup plus connu au niveau mondial. La maison des esclaves accueille chaque année des milliers de visiteurs, parmi lesquels figurent de grandes personnalités internationales. Des présidents américains, comme BARACK OBAMA, se sont rendus à la maison des esclaves de Gorée lors de leurs visites officielles à Dakar. Cela montre l'importance de ce site historique et le rayonnement de la diplomatie économique par la mise en valeur du patrimoine du pays. « L'île de Gorée témoigne d'une expérience humaine sans précédent dans l'histoire des peuples. En effet, cette « île mémoire » est pour la conscience universelle le symbole de la traite négrière avec son cortège de souffrance, de larmes et de mort. »[50] L'histoire de la traite négrière a laissé une empreinte indélébile dans l'histoire de Gorée et celle du Sénégal. Elle a participé à la publicité du pays sur le plan international.

D'autres lieux participent au développement de la diplomatie sénégalaise, non pas grâce à leur histoire, mais grâce à leurs conditions naturelles favorables, qui poussent nombre de touristes internationaux à les sillonner. Parmi

[50] https://whc.unesco.org/fr/list/26/.

ces sites touristiques, pensons notamment à la station balnéaire de Saly, dans le département de Mbour, celle de Caps-skiring en Casamance, dans la région de Ziguinchor, aux îles du Saloum et aux divers parcs nationaux (Niokolo-Koba, Djoudj, Réserve de Bandia, etc.).

La culture joue un rôle déterminant dans le développement socio-économique des pays. « L'expérience des sociétés développées et celles qui émergent aujourd'hui confirme le primat de la culture sur le développement. En effet, la culture, dans son acceptation moderne est une appréhension du monde contemporain dont le savoir, la création et l'innovation sont des signes logiques du développement. »[51]

---

[51] KOUENA MABIKA LOUIS, Centre d'Etudes et de Recherche sur les Analyses et Politiques Economiques (CERAPE), La place et le rôle des œuvres d'art dans le développement africain, https://www.afrology.com.

16
La diplomatie religieuse : l'exemple du Senegal

Dans ce travail de recherche, nous avons évoqué la diaspora mouride. Dans cette partie, il s'agira de mettre l'accent tant sur les évènements religieux organisés à l'étranger par des sénégalais de l'« extérieur » que sur les évènements de ce type organisés au Sénégal et qui drainent un public provenant d'autres pays du monde.

Le « Bamba Day » est un évènement culturel dédié au fondateur de la confrérie mouride du Sénégal, Cheikh Ahmadou Bamba. Cet évènement religieux est organisé chaque année à New-York depuis 1988, année de sa création par Sérigne Mourtada Mbacké, fils cadet de Cheikh Ahmadou Bamba. La dernière édition du « Bamba Day de New-York » s'est tenue du 19 juillet au 6 août 2019. Il s'agissait de la trente-et-unième édition des journées culturelles Cheikh Ahmadou Bamba aux Etats-Unis.[52] Le 28 juillet a été proclamé officiellement « journée Cheikh Ahmadou Bamba ».

La cérémonie officielle des journées culturelles Cheikh Ahmadou Bamba de New-York se déroule au rythme d'une marche pacifique dans les rues de Harlem, sur l'Avenue Adam Clayton Powell Jr. Boulevard, Central Park, jusqu'au building administratif sis à la 125ème rue. Après les

52 https://www.metrodakar.net/journees-culturelles-bamba-partout-aux-etats-unis-et-au-canada/.

allocutions des officiels américains et responsables de la communauté mouride, une conférence est toujours organisée au siège de l'organisation des Nations Unies (ONU). Selon le journal metroDakar.net[53], Ces journées permettent aussi à Sergine MAME MOR MBACKE (fils du fondateur des journées culturelles Cheikh Ahmadou Bamba de New-York) d'effectuer des visites de courtoisie et d'organiser des rencontres solennelles avec les autorités administratives et politiques se trouvant à la tête des différentes villes, notamment celles qui ont pris l'initiative d'adopter des « Proclamations officielles » instituant une journée Cheikh Ahmadou Bamba, à l'image de New York, avec son Bamba Day annuel. Les journées culturelles dédiées au fondateur de la confrérie mouride du Sénégal sont aujourd'hui organisées dans plusieurs villes du monde où des membres de la communauté mourides sont présents. On constate une mondialisation de ces journées. Selon le journal dakaractu.com[54], l'Amérique du Nord a été le précurseur de ces journées mais de Casablanca à Johannesburg, d'Oslo à Las Palmas, de Tokyo à Beijing et de New York à Montréal, les journées ont été organisées par ses disciples dans leur pays hôte, en parfaite communion avec les autorités et populations locales.

L'État du Sénégal devrait profiter de cette occasion qui lui est offerte par une partie de sa diaspora pour développer davantage sa diplomatie économique dans les pays où ces journées sont célébrées. Elles représentent en effet une réelle opportunité de trouver de potentiels investisseurs étrangers, tant aux États-Unis que dans les autres pays où sont célébrées ces journées. L'État du Sénégal pourrait

---

53 https://www.metrodakar.net/journees-culturelles-bamba-partout-aux-etats-unis-et-au-canada/.

54 https://www.dakaractu.com/La-Mondialisation-des-Journees-Cheikh-Ahmadou-Bamba-un-vecteur-de-Paix-dans-le-Monde_a94696.html.

aussi, à travers ces journées, inviter les membres de la communauté mouride à investir davantage au Sénégal, en les sensibilisant et en leur offrant les possibilités de le faire.

On a certes noté la présence, selon le journal toutinfo.net, du ministre Diène Farba Sarr, du Directeur Général de SNHLM, Mamadou Kassé, qui y ont pris part dans le cadre du Forum pour la promotion de l'habitat, mais cela est insuffisant face à une telle opportunité d'affaires.

17
LES MIGRATIONS ET LA COVID-19

Les migrations sont des déplacements d'individus ou de groupes de population d'un lieu à un autre, afin d'y demeurer de manière temporaire ou définitive. Les migrations datent de la Préhistoire et étaient dues, à l'époque, à la recherche de la nourriture et des abris. Dans le contexte de la mondialisation, elles sont maintenant liées à la recherche d'emploi et de meilleures conditions d'existence. Elles procèdent de causes multiples, qui peuvent être résumées en causes économiques, politiques, sociales et culturelles.

La plupart des émigrés sont des jeunes sans emploi, le plus souvent originaires des pays du Sud. Les travailleurs sans formation sont plus nombreux. Ils sont en majorité des clandestins. La fuite des cerveaux ou « *brain-drain* » (ingénieurs, chercheurs) est aujourd'hui encouragé par les gouvernements des pays riches. C'est le cas de la France, qui a adopté la « *politique de l'immigration choisie* » inspirée par le président Nicolas Sarkozy. Les Etats-Unis privilégient eux aussi l'immigration des cerveaux. Alpha Oumar Konaré, président de la Commission de l'U.A., évoquait une « *véritable traite des cerveaux* »[55].

Les États d'accueil sont, pour la plupart, des pays industrialisés à haut niveau de vie : États-Unis, Canada, pays d'Europe du Nord-Ouest. Certains pays d'Europe

---

[55]ALPHA OUMAR KONARE, Le Débat, *TV5*, 30 octobre 2005.

méditerranéenne (Grèce, Espagne, Italie, Portugal) et du Moyen-Orient sont devenus des foyers d'immigration.

Les pays d'émigration pour des raisons économiques sont les pays à faible niveau de vie et à croissance démographique élevée. Tel est particulièrement le cas des pays africains, dont la population est constituée de plus 50 % de jeunes. Ces pays sont confrontés à de multiples difficultés pour satisfaire les besoins de ces populations jeunes. Ils éprouvent notamment d'importantes difficultés pour nourrir cette population et lui fournir une formation qualifiante et de qualité. Les quelques jeunes diplômés peinent à trouver du travail en raison du manque d'emploi dans ces pays. Le taux de chômage y est très élevé. Ces jeunes à la recherche d'emplois sont souvent tentés par l'émigration vers les pays développés, qu'ils considèrent comme un *eldorado*. Une faible partie d'entre eux bénéficient d'un visa pour émigrer vers l'Europe dans des conditions légales. La plupart d'entre eux, désespérés, tentent la voie illégale en optant pour l'émigration clandestine. Ils transitent par la mer en passant par le Maroc et la Libye. Ils utilisent des pirogues et des bateaux de façon clandestine pour traverser la mer Méditerranéenne et arriver soit en Espagne, soit en Italie.

En profitant des accords de Schengen, ratifiés par la plupart des pays européens, ils parviennent à remonter vers les autres pays d'Europe. Ces migrants génèrent nombre de problèmes dans les pays membres de l'Union européenne.

Certaines migrations sont involontaires. Elles sont provoquées par des persécutions religieuses ou ethniques, des guerres, des répressions politiques, des catastrophes naturelles. « Le monde connaît des mouvements de populations sans précédent : 70, 8 millions de personnes à travers le monde ont été chassées de leur foyer à la fin

2018. »[56] Le nombre de réfugiés est particulièrement important en Afrique et en Asie, où ont éclaté des conflits dramatiques. Ces guerres ont précipité des millions de personnes dans les pays voisins où, le plus souvent, rien n'est prévu pour les accueillir. Cela a malheureusement été le cas en 1994, avec le génocide rwandais, ou depuis 2004, avec le conflit au Darfour (à l'ouest du Soudan). En Asie, la guerre d'Afghanistan, le conflit israélo-palestinien, le conflit syrien et l'intervention américaine en Irak ont entraîné le déplacement de plusieurs millions de personnes vers l'étranger.

La gestion des migrants a généré nombre de problèmes entre les pays membres de l'Union européenne. Avec la crise économique de 2008, les économies des pays européens ont été à l'origine de la hausse du taux de chômage dans ces derniers. Les problèmes économiques et le terrorisme fréquent dans les pays occidentaux ont accentué le racisme et la xénophobie dans ces pays. Cette haine à l'endroit des étrangers et des minorités a poussé des figures de premier plan à prendre position et réclamer davantage de respect pour ces minorités raciales, par l'acceptation de la différence, car la diversité est une chance si elle est bien vécue. Elle permet aux populations de se compléter, comme aux Etats-Unis, où l'on parle de *melting pot*.

[56] https://www.un.org/fr/sections/issues-depth/refugees/index.html.

18

La gestion de l'immigration clandestine par les pays membres de l'UE

L'immigration irrégulière, ou immigration clandestine, désigne l'entrée sur un pays ou un *territoire* quelconque d'étrangers qui ne disposent pas de visa ou la poursuite d'un séjour sur un territoire étranger après l'expiration du visa.

Depuis le début des années 2000, le continent européen est confronté à l'arrivée d'un grand nombre de migrants irréguliers en provenance du continent africain et du continent asiatique. Il s'agit soit de migrants économiques, soit de réfugiés qui souhaitent obtenir l'asile politique en fuyant les conflits qui déchirent nombre de pays en voie de développement (Cf. graphique 1).

<u>Graphique 1</u> : Origine des migrants débarqués en Italie

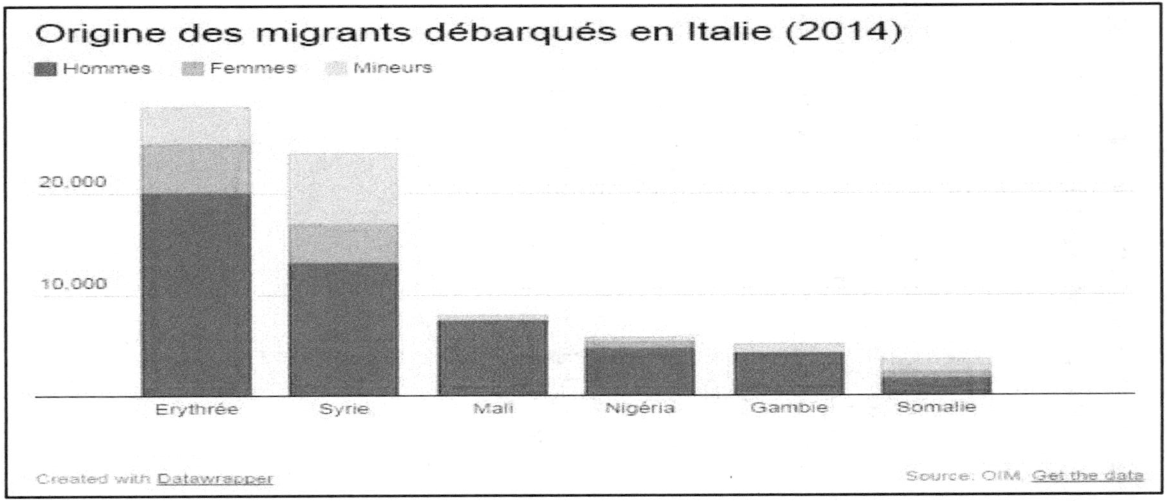

La convention de Genève de 1951 définit un **réfugié** comme *« toute personne qui, craignant avec raison d'être persécutée du fait de sa race, de sa religion, de sa nationalité, de son appartenance à un certain groupe social ou de ses opinions politiques, se trouve hors du pays dont elle a la nationalité. »* Et « *qui ne peut ou ne veut, du fait de cette crainte, se réclamer de la protection de ce pays* »[57]

Du fait de la multiplication des foyers de conflit dans le monde et particulièrement en Afrique, au Proche-Orient, au Moyen-Orient et en Asie du sud, le nombre de réfugiés ne cesse de croître chaque année. L'accueil des réfugiés qui sont chassés de chez eux par les guerres, les conflits, les catastrophes naturelles ou les persécutions constitue aujourd'hui un problème crucial pour les pays stables. Bien que les réfugiés soient accueillis sur tous les continents, de nos jours, ils ont toutefois tendance à choisir les pays susceptibles de leur offrir l'asile politique et économique. D'où le fait que les pays occidentaux soient assaillis par les migrants, qui cherchent de meilleures conditions d'existence. Tel est le cas des États-Unis, qui sont choisis par énormément de réfugiés en provenance d'Amérique latine, mais aussi des pays de l'Union européenne, qui représentent eux la destination de préférence des réfugiés du Proche-Orient, du Moyen-Orient et de l'Afrique (Cf. tableau 3 et graphique 2).

[57]UNHCR, convention et protocole relatifs au statut des réfugiés, Genève, aout 2007, https://www.unhcr.org/fr/4b14f4a62.

Tableau 3 : Arrivées de migrants en Europe par mois, via la Méditerranée (selon le Haut-Commissariat des Nations unies pour les réfugiés)[58]

Année	Janvier	Février	Mars	Avril	Mai	Juin	Juillet	Août	Septembre	Octobre	Novembre	Décembre	Total
2014	3 270	4 369	7 283	17 084	16 627	26 221	28 303	33 478	33 944	23 050	13 318	9 107	**216 054**
2015	5 550	7 271	10 424	29 864	39 562	54 588	78 433	130 839	163 511	221 374	154 975	118 687	**1 015 078**

[58] https://data2.unhcr.org/en/situations/mediterranean.

2016	73 111	61 081	36 906	13 239	22 256	24 519	25 884	25 675	21 323	31 507	16 553	10 860	**362 753**
2017	6 909	10 701	13 378	15 024	25 938	27 886	16 100	9 765	12 998	13 738	13 216	12 390	**172 301**
2018	7 998	3 851	4 792	7 893	10 817	12 949	13 429	12 302	13 749	16 314	8 953	8 982	**122 029**

Graphique 2 : Arrivées de migrants en Europe par mois, via la Méditerranée[59]

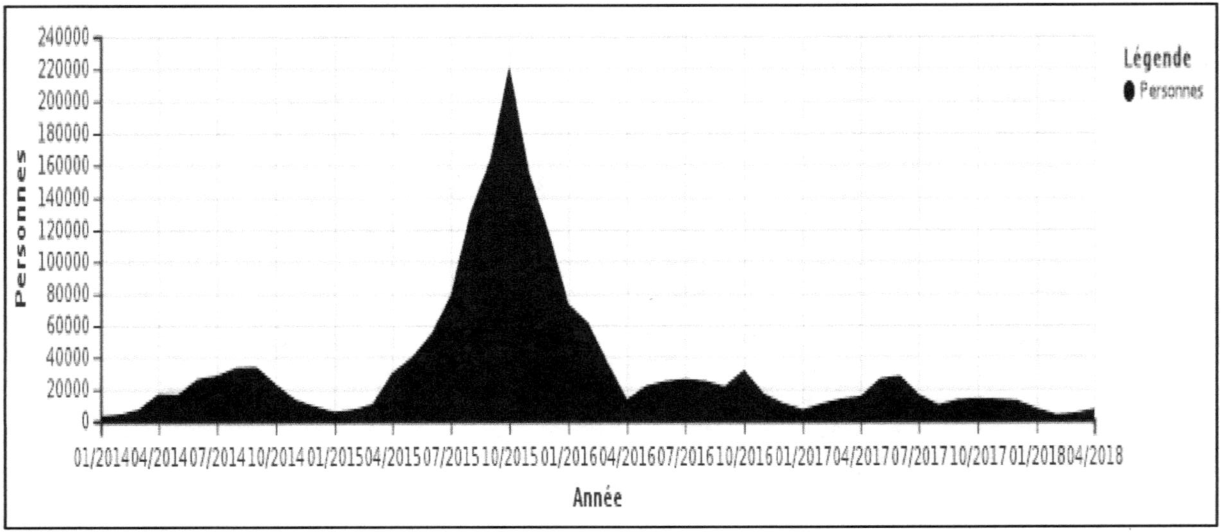

[59]https://data2.unhcr.org/en/situations/mediterranean.

L'effectif des migrants en provenance de l'Asie et de l'Afrique et cherchant à rejoindre les pays de l'Union européenne ne cesse de croître. Les raisons de leur départ sont liées aux conflits, aux guerres ou à la recherche d'un travail pour subvenir à leurs besoins. Les données les plus récentes publiées par le Haut Conseil des Nations Unies pour les réfugiés le prouvent (Cf. tableau 4). Avec les conditions dans lesquelles vivent les populations des pays de départ montrent que ce phénomène ne risque pas de connaitre une fin. Toutefois, le nombre de migrants arrivés en Italie a connu une baisse entre 2018 et 2019. « En 2019, le nombre de migrants ayant débarqué sur ses côtes a chuté de moitié par rapport à l'année précédente. Les chiffres présentés jeudi par le ministère de l'Intérieur italien font état de 11.439 arrivées, soit 50,72 % de moins qu'en 2018. »[60]

---

[60] OLIVIER TOSSERI, « La crise migratoire est terminée en Italie », 29 décembre 2019, https://www.lesechos.fr/monde/europe/la-crise-migratoire-est-terminee-en-italie-1159369.

Tableau 4 : Migrants en destination de l'Europe par pays en 2020

Country of origin	Source	Data date	Population	
Mali		30 Jun 2020	4.7%	1,114
Guinea		30 Jun 2020	5.3%	1,248
Morocco		30 Jun 2020	6.1%	1,449
Bangladesh		30 Jun 2020	6.2%	1,465
Côte d'Ivoire		30 Jun 2020	6.9%	1,626
Tunisia		30 Jun 2020	7.3%	1,720
Others		30 Jun 2020	9.4%	2,212
Algeria		30 Jun 2020	10.5%	2,482
Syrian Arab Rep.		30 Jun 2020	10.9%	2,577
Afghanistan		30 Apr 2020	12.7%	3,005

Ce tableau montre que les pays de l'Union européenne sont la destination privilégiée des migrants africains et du Proche et Moyen Orient.

En plus des réfugiés chassés par les conflits de différentes natures, les pays de l'Union européenne reçoivent des migrants économiques à la recherche d'emplois dans les pays occidentaux, plus propices au travail et dont les rémunérations sont plus élevées. Les migrations de main-d'œuvre sont très répandues et les pays de départ sont ceux en voie de développement, tandis que les pays développés restent la destination privilégiée .

Cette situation est due au fait que l'accroissement de la population est inégal dans l'espace. Dans les pays en voie de développement, la croissance démographique est élevée. D'où le fait que la population de ces pays soit composée en majorité de jeunes. Les conséquences de cette jeunesse de la population sont nombreuses. Ces pays sont confrontés à des problèmes de scolarisation des enfants. Ainsi, ils ne parviennent pas à fournir à ces derniers une éducation appropriée au contexte actuel. Ils éprouvent également des difficultés à satisfaire les besoins alimentaires et de santé de cette population. Les jeunes qui arrivent sur le marché de l'emploi chaque année ne trouvent que très difficilement un emploi. Le sous-emploi des jeunes et les difficultés provoquées par le manque de moyens poussent nombre d'entre eux à chercher à émigrer vers les pays développés en général, et dans ceux de l'Union européenne en particulier.

Dans les pays développés, la croissance démographique est l'inverse de celle des pays en voie de développement. Ils connaissent une baisse de leur population et le vieillissement de celle-ci. Par conséquent, les pays du nord nécessitent de la main-d'œuvre pour occuper leurs emplois.

Cette contradiction démographique et économique se trouve à l'origine de la ruée de jeunes des pays du sud vers ceux des pays du nord en général, et ceux de l'Union européenne en particulier.

Cependant, tous les jeunes des pays en voie de développement qui aspirent à occuper les emplois des pays développés ne sont pas admis à l'émigration. C'est-à-dire qu'ils ne disposent pas tous d'un visa leur permettant de rejoindre leur destination de façon légale ou régulière, d'où le nombre important de jeunes qui empruntent la voie illégale et irrégulière. Les migrants clandestins passent particulièrement par la mer pour rejoindre les pays de l'Union européenne.

De nombreuses conséquences découlent de ces migrations internationales des réfugiés et de main-d'œuvre en ce qui concerne les pays d'accueil, ce qui rend la gestion de ce type de migration particulièrement complexe pour les pays de l'Union européenne.

Sur les côtes de l'Espagne et de l'Italie, on dénombre des milliers de pertes en vies humaines chaque année et nombre de jeunes Noirs venant des pays africains sont réduits à l'esclavage en Libye, pays de transit vers l'Italie. Ces derniers, qui passent par le Maroc pour rejoindre les côtes espagnoles, vivent l'enfer dans le royaume chérifien.

Ces jeunes africains entreprennent un périlleux périple en traversant des dizaines de frontières et les dangers de la Méditerranée à la recherche d'une vie meilleure dans les pays de l'Union européenne. Or, en raison du manque d'emplois et des sombres perspectives auxquelles ils sont confrontés dans leur pays, ces millions de jeunes africains préfèrent encore l'exode, souvent clandestin.

Les réfugiés deviennent de plus en plus nombreux dans le monde alors que l'assistance humanitaire devient de plus en plus complexe pour les pays récepteurs, comme ceux de l'Union européenne.

L'arrivée massive de migrants de toutes origines et leur gestion ont perturbé l'unité des pays de l'Union européenne quant à leur accueil. En raison de la crise économique, les migrants clandestins de main-d'œuvre sont rapatriés chez eux dès leur arrivée en Europe. Les réfugiés, quant à eux, nécessitent un asile politique en raison des dangers qu'ils fuient. Étant donné qu'ils ne peuvent être rapatriés et eu égard à leur effectif important, les pays européens se retrouvent pris dans d'intenses débats.

La gestion des dossiers des demandeurs d'asile et des migrants clandestins dans le cadre de leur relocalisation a entraîné des divergences entre les pays membres de l'Union européenne. Les réfugiés sont toujours plus nombreux en raison de la guerre en Syrie, avec un pic en 2015 (Cf. graphique 2). Les pays membres de l'Union européenne, ne pouvant plus gérer la masse de réfugiés, ont externalisé la question à travers un certain nombre d'accords qui impliquent d'autres pays européens ne faisant pas partie de l'Union. Cette situation a provoqué une crise migratoire aigue en Europe, crise liée au fait que ces pays ne parviennent pas à trouver un accord sur l'attitude à adopter.

Depuis 2015, les pays de l'Union européenne bloquent les migrants dans la mer du fait de malentendus. Aucun pays n'accepte de les accueillir et il arrive que ces derniers passent plusieurs semaines dans les bateaux et dans des conditions difficiles sans accoster pour fouler le sol européen. Les organisations de la société civile et des organisations non-gouvernementales ne cessent de critiquer cette politique de l'Union, qui peine à trouver une solution idoine à propos de la gestion de la question des migrants.

L'autre problème lié à la gestion des migrants reste l'asile. Les demandeurs d'asile se plaignent de la lenteur de la gestion de leurs dossiers. Certains sont confrontés au rejet de leurs demandes. Ce qui pose particulièrement problème reste la prise en charge des réfugiés et les risques liés au terrorisme.

Depuis les attentats du 11 septembre 2001 aux États-Unis, les actes terroristes sont devenus récurrents, dans les pays occidentaux en général, et en Europe en particulier. La plupart des terroristes sont originaires des pays du Proche-Orient et du Moyen-Orient : les pays membres de l'Union européenne éprouvent donc des difficultés à accorder leur confiance aux ressortissants de ces pays qui sollicitent l'asile politique chez eux.

Toutefois, le contexte de la Covid-19 a changé la donne de la gestion des migrants irréguliers dans certains pays de l'Union européenne. Des pays comme l'Italie ont commencé à régulariser les migrants sans papiers pour faire face au manque de main-d'œuvre provoqué par la pandémie de la Covid-19. Grâce à cette nouvelle politique adoptée au mois de juin 2020, l'Italie permet à des migrants clandestins de régulariser leur situation.

Cette régularisation des migrants clandestins s'adresse particulièrement à ceux qui travaillent dans l'agriculture à ou ceux qui le désirent, puisque ce secteur a été très touché par la pandémie de la Covid-19. Secteur névralgique de l'économie italienne, la solution qui s'offre à ce pays très touché par cette pandémie. Cette dernière a entraîné la fermeture des frontières et la raréfaction de migrants réguliers susceptibles d'occuper les emplois dans l'agriculture. La raison de cette politique est purement économique.

Avant l'Italie, le Portugal avait entamé la régularisation temporaire des immigrés sans papiers en attente de titre de séjour depuis mars 2020, pour les mêmes raisons que l'Italie , à savoir les conséquences de la pandémie de la

Covid-19. À la différence de l'Italie, le Portugal ne met pas l'accent sur l'aspect économique mais sur l'aspect social, arguant de la situation difficile vécue par les sans-papiers en temps de pandémie de Covid-19.

Les Organisations non gouvernementales et de la société civile demandent à des pays comme l'Espagne, la France et la Grèce d'emprunter la même voie que le Portugal et l'Italie, pour des raisons humanitaires, à l'endroit des clandestins et des réfugiés qui vivent dans des situations dramatiques.

La question migratoire reste une problématique majeure pour les pays membres de l'Union européenne, qui peinent à s'accorder sur la gestion des dossiers des migrants clandestins et des réfugiés. Cette question a fini par générer des désaccords entre ces derniers et les mesures prises diffèrent d'un pays à l'autre. L'Union européenne ne semble pas en mesure de prendre de décision qui fasse l'unanimité entre ses membres. Les décisions unilatérales du Portugal et de l'Italie, en raison de la pandémie de la Covid-19, soulèvent des interrogations quant à l'avenir de l'Union, notamment eu égard aux questions migratoires, d'autant plus que la migration clandestine n'est pas prête de s'estomper vu la situation économique des pays en voie de développement que les migrants cherchent à quitter, sans même évoquer celle des pays confrontés à des conflits de toute nature.

La présence des migrants internationaux dans un contexte de crise économique et de flambée du terrorisme a ravivé la xénophobie et le racisme au sein des pays membres de l'Union européenne. Cette haine contre les étrangers représente un problème crucial auquel des solutions idoines doivent être trouvées.

Cependant, l'irruption de la Covid-19 a réduit drastiquement l'arrivée des migrants en Europe, notamment clandestins, en raison des mesures de restriction des déplacements prises par les gouvernements pour stopper la progression de la pandémie.

19

L'IMPACT DE LA COVID-19 SUR LES MIGRATIONS

La maladie à coronavirus 2019, encore appelée « Covid-19 » (acronyme anglais de *coronavirus disease 2019*), est une maladie infectieuse de type zoonose virale. « Apparue en Chine en fin 2019, la maladie Covid-19 est causée par le SARS-CoV-2, un virus appartenant à la famille des coronavirus. »[61]

Depuis le début de l'année 2020, la Covid-19, qui est apparue à Wuhan en Chine, est devenue une pandémie et a gravement impacté les économies de tous les pays du monde. Le mode de transmission de cette maladie ainsi que ses conséquences sur la vie humaine, particulièrement sur les personnes âgées et celles qui souffrent de maladies chroniques, a poussé l'ensemble des pays à prendre des mesures restrictives en ce qui concerne les déplacements des populations.

En raison de la pandémie de la Covid-19, les pays ont adopté des mesures visant à confiner les populations et à limiter au strict minimum les déplacements de ces dernières, parfois à l'intérieur même d'une même ville. Nombre de pays avaient interdit les migrations interurbaines et fermé leurs frontières aux migrations externes. Leur objectif consistait à limiter les cas de contamination à la Covid-19.

---

[61] https://www.santemagazine.fr

Ces restrictions aux déplacements des populations ont fortement affecté les migrations internationales et particulièrement les migrations de travail. Ces mesures ont dans un premier temps été prises par les pays occidentaux (Europe et Etats-Unis) qui ont connu des taux de létalité très élevés en raison de la maladie à coronavirus. Cette létalité élevée dans les pays occidentaux est en partie liée à la structure de leurs populations. En effet, les populations des pays occidentaux sont vieillissantes. On y dénombre ainsi une part très importante de personnes âgées, qui constituent la tranche d'âge la plus vulnérable face à la pandémie de la Covid-19.

Cette situation a poussé les pays occidentaux, qui sont les plus touchés par la pandémie, à confiner leurs populations et à interdire les entrées de populations provenant des autres pays du monde. Ainsi, depuis le début de l'année 2020, les déplacements des populations sont presque nuls et les activités économiques se sont considérablement ralenties, plongeant le monde entier dans une situation de crise.

Avec les mesures restrictives qui interdisent les déplacements des populations d'un pays à l'autre, de nombreux migrants se retrouvent bloqués, soit dans leurs pays d'origine, soit dans leurs pays d'accueil. Certains des migrants travailleurs ont perdu leur emploi et se retrouvent au chômage en raison de la pandémie.

Selon l'**Organisation Internationale du Travail (OIT),** « Contraints de rentrer chez eux après avoir perdu leur travail suite à la pandémie de COVID-19, des dizaines de millions de travailleurs migrants sont désormais confrontés au chômage et à la pauvreté dans leurs pays d'origine »[62].

---

[62] GENÈVE (OIT INFOS), MIGRATION: L'OIT AVERTIT DE L'EXISTENCE D'UNE «CRISE AU SEIN MEME DE LA CRISE DU COVID-19», 24 JUIN 2020,

Les pertes d'emploi sont provoquées par les difficultés auxquelles font face les entreprises en raison de la crise sanitaire de la pandémie de la Covid-19. Même les travailleurs qui ont conservé leur emploi se trouvent confrontés à la réduction de leur salaire en raison, toujours, de la Covid-19.

Les migrants clandestins et les migrants de main-d'œuvre proviennent des pays en voie de développement d'Afrique et de ceux confrontés à des guerres. Les pays développés, et en particulier ceux de l'Union européenne, constituent leur principale destination. Les pays occidentaux, comme nous l'avons souligné ci-dessus, ont mis en place des restrictions strictes aux déplacements des personnes afin de limiter les cas de contamination à la Covid-19. De même, les pays africains ont prisles mêmes restrictions, pour les mêmes raisons que celles des pays occidentaux. L'ensemble de ces restrictions aux déplacements des populations ont limité les migrations licites et illégales.

Toutefois, les déplacements illégaux de populations provenant des pays en voie de développement vers les pays développés ne se sont pas arrêtés. La situation sanitaire et les mesures mises en œuvre par les pays de départ et les pays d'accueil n'ont pas suffi à dissuader les candidats à l'émigration clandestine et les passeurs de clandestins. Selon **Interpol**[63], nombre de pays africains ont pris des mesures restrictives contre les déplacements internationaux des populations à partir de leurs frontières dans le but

HTTPS://WWW.ILO.ORG/GLOBAL/ABOUT-THE-ILO/NEWSROOM/NEWS/WCMS.

[63] INTERPOL, L'impact du Covid-19 sur le trafic de migrants et la traite d'êtres humains, 11 juin 2020, https://www.interpol.int/fr/Actualites-et-evenements/Actualites/2020/L-impact-du-COVID-19-sur-le-trafic-de-migrants-et-la-traite-d-etres-humains.

d'éviter la propagation de la Covid-19. Cependant, ces mesures n'ont pas suffi à dissuader les passeurs et les migrants dans certaines parties du continent. Ces derniers empruntent la voie terrestre qui part de la Corne de l'Afrique vers l'Afrique du Sud et le contournement des contrôles aux frontières entraîne parfois des conséquences dramatiques pour ces clandestins.

En Europe, les restrictions aux déplacements dans le but d'éviter la propagation de la Covid-19 ont eu un réel impact sur les mouvements migratoires, particulièrement sur les flux clandestins en provenance des pays en voie de développement. « Le nombre de détections de migrants franchissant de manière illégale l'ensemble des frontières extérieures de l'Europe a chuté de 85 % entre mars et avril 2020. »[64]

64

INTERPOL, L'impact du Covid-19 sur le trafic de migrants et la traite d'êtres humains, 11 juin 2020, https://www.interpol.int/fr/Actualites-et-evenements/Actualites/2020/L-impact-du-COVID-19-sur-le-trafic-de-migrants-et-la-traite-d-etres-humains.

20
La « DIPLOMATIE MASQUEE »

La pandémie à coronavirus, appelée « Covid-19 », est une maladie infectieuse émergente. Elle débute en décembre 2019 à Wuhan, dans la province du Hubei, en Chine centrale, et se propage dans le monde entier. La pandémie modifie nos habitudes et bouleverse radicalement les relations de coopération entre États.

Au début de la crise, de nombreux pays ont apporté leur soutien à la Chine afin d'endiguer l'épidémie. Trois mois après le début de la crise, la solidarité internationale s'organise. L'Europe envoie les premières aides sanitaires. Douze millions de tonnes d'aide médicale en provenance des États membres de l'Union européenne sont ainsi envoyés à la Chine. Fin février, trente millions de tonnes de matériel sont expédiés par ces États, tandis que la Commission européenne décide de cofinancer la livraison supplémentaire de vingt-cinq tonnes de masques, de gants, de produits désinfectants et de vêtements de protection. Les pays donateurs sont l'Autriche, la République tchèque, la Hongrie et la Slovénie. Un avion décolle de Vienne le 23 février avec tout le matériel à son bord après le déclenchement du mécanisme de protection civile de l'Union. Le commissaire à la santé et à la sécurité alimentaire affirme que « *la protection de la santé pour tous sera toujours une de nos priorités et nous continuerons à rester solidaires avec la Chine* »[65].

À la fin du mois de Mars, la situation sanitaire s'améliore en Chine, où la pandémie est maitrisée, mais l'Europe enregistre ses premiers cas et l'Italie et l'Espagne sont les pays les plus touchés. La Chine, qui affirme avoir maîtrisé la progression de la maladie, se montre à son tour solidaire et exporte vers le monde entier ses masques et du matériel de protection, tout en y envoyant du personnel de santé. Xi Jinping, le président chinois, explique que la communauté internationale doit s'organiser pour lutter contre la pandémie.

Le discours du président chinois constitue un message d'espoir et de solidarité dans un contexte de pandémie où la coopération, tant multilatérale que bilatérale doit jouer un rôle déterminant pour juguler le virus. Mais dans la pratique, les autorités politiques chinoises cherchent à transformer la pandémie de la Covid-19, crise sanitaire majeure, en opportunité diplomatique d'importance afin de renforcer leur influence, à l'échelle internationale en général et auprès de certains pays en particulier. Cette nouvelle stratégie diplomatique est appelée par certains analystes politiques la «*diplomatie du masque* »[66] .

En effet, on appelle « diplomatie du masque » la surmédiatisation de l'aide médicale des autorités de Pékin, dont le but est de repositionner la Chine sur l'échiquier mondial. Cette politique est ciblée et entre dans une dynamique beaucoup plus large théorisée par le président chinois XI Jinping depuis 2013 dans le cadre de la nouvelle

---

[65] **Sylvain KAHN et Estelle PRIN** « Sur l'Europe, avec la Covid 19, la Chine tombe le masque », question d'Europe N[0] 569, 07 septembre 2020.

Sylvain KAHN et Estelle PRIN « Sur l'Europe, avec la Covid 19, la Chine tombe le masque », question d'Europe N[0] 569, 7 septembre.

route de la soie. La Chine se déploie partout dans le monde apportant des dons, des prêts et son savoir-faire dans la lutte contre la pandémie de Covid-19. Cette diplomatie du masque constitue une vaste opération de séduction où l'État chinois contrôle les transports afin de leur donner une visibilité maximale.

Dans un contexte de fermeture des frontières, la Chine se déploie dans le monde entier. L'agence Chine Nouvelle indiquait que 54 nations d'Afrique recevraient chacune 20 000 kits de tests, 100 000 masques et 1000 tenues de protection médicale de la Fondation Jack Ma. L'empire du Milieu a également proposé son aide au Royaume-Uni et aux États-Unis.

Les pays africains et sud-américains sont soulagés de recevoir plusieurs millions de maques ou de tests venus de Chine. La Chine est la seule puissance qui leur soit venue en aide sur le plan sanitaire, face à l'impuissance européenne et au repli sur soi américain.

Mais cette diplomatie n'est pas qu'une marque de solidarité : il s'agit surtout du produit d'une propagande. Il suffit à cet égard de constater à quel point les médias chinois ont inondé les réseaux sociaux d'images des livraisons de matériel. Plus ennuyeux encore, cette propagande se réalise avec une certaine arrogance, relayant l'idée selon laquelle « *la Chine est le seul pays à être venu à bout de la pandémie et à pouvoir venir en aide aux autres* »[67].

La diplomatie du masque est seulement un élément de la stratégie d'influence chinoise, entamée bien avant la Covid-19. Elle vise à renforcer l'influence de la Chine à l'échelle

---

e 2020.
LINK "https://www.rfi.fr/fr/podcasts/20200509-la-diplomatie-masque-d%C3%A9masqu%C3%A9e" \h
https://www.rfi.fr/fr/podcasts/20200509-la-diplomatie-masque-d%C3%A9masqu%C3%A9e.

internationale et d'exporter le modèle chinois dans le reste du monde.

Cette stratégie s'articule autour de trois axes principaux : la critique de ses rivaux, une aide médicale à ses partenaires et, enfin, une tentative de caporalisation de certaines organisations internationales.

21
La Diplomatie des vaccins

Au cours du XXe siècle, les vaccins ont parfois été pris en charge par les États et ont pu faire office de symboles nationaux. Mais les vaccins ont-ils une nationalité ? De toute évidence, tel est le cas : il suffit de suivre les débats à ce sujet depuis le début de la pandémie, et surtout depuis que le premier vaccin anti-covid est apparu. Il existe assurément une « diplomatie » ou un « nationalisme » des vaccins, et même un « *soft power des vaccins* », c'est-à-dire un outil d'influence[68].

Les vaccins sont considérés comme une contribution majeure au recul des maladies au XXe siècle : ils ont permis un essor démographique sans précédent dans le monde, même s'il existe encore un décalage important entre pays. Un tournant décisif s'est produit dans les années 1950, avec le début de la production de vaccins sur cultures cellulaires et les premiers essais cliniques touchant des millions de personnes. Il marque le début de la diversification des vaccins et de leur production à une échelle industrielle, ce qui a permis d'envisager de nouvelles stratégies et donné un contenu précis aux rêves d'éradication qui s'étaient exprimés dès l'époque pastorienne[69].

L'histoire des vaccins a longtemps été avant tout sensible au progrès scientifique à qui était redevable la

---

[68] www. Franceinter.fr.

[69] Anne Marie MOULIN, les vaccins, l'état moderne et les sociétés, 2007/ Médecine-Sciences-INSERM [Google Scholar].

« conquête » des maladies infectieuses. Elle associe aujourd'hui au volet scientifique un volet sociopolitique et anthropologique, pour mieux comprendre la subtilité de la chaîne qui relie entre elles des recherches de laboratoire, des décisions de santé publique et les actions entreprises au sein même des populations concernées. Le regard des sciences sociales décèle ainsi, là où les scientifiques sont surtout sensibles à un accroissement progressif, des connaissances bénéfiques pour l'humanité[70].

Les premiers vaccins mis en place contre la COVID-19,SPEISER-SPUTNIK V, BIONTECH-MODERNA-SIONPHARMA-SINOVAC, montrent que le monde vit actuellement les séquelles de la Guerre froide des années 1930. La Russie, la Chine, l'Europe et les États-Unis se sont lancés dans une guerre pour faire accepter, pour chacun, son vaccin. L'Afrique, continent absent dans l'invention du vaccin contre la Covid-19, est pourtant au centre de cette « guerre froide » sanitaire. L'industrie pharmaceutique mondiale fait face à un vif débat entre les différentes puissances en concurrence à travers le monde.

La durée de la pandémie a placé les dirigeants politiques et industriels face à une situation aussi exceptionnelle qu'imprévisible. Les sociétés sont épuisées. Les frontières se referment. Certains pays sont mal préparés à affronter des urgences sanitaires de cette ampleur. Tous avancent en tâtonnant: inévitablement, des erreurs sont commises. Il est déplorable que des intérêts politiques et des rivalités géopolitiques prennent le pas sur l'enjeu que personne ne devrait perdre de vue : vacciner le maximum de personnes, en Europe, aux États-Unis et dans le reste du monde. Tel était l'objectif initial de l'Union européenne, qui voyait

---

[70] Anne Marie MOULIN, les vaccins, l'état moderne et les sociétés Médecine/Sciences, 2007/ Médecine-Sciences-INSERM [Google Scholar].

dans le vaccin un « *bien commun mondial* »[71]. C'est dans ce cadre que le président français, Emmanuel Macron, propose que l'Europe et les États-Unis livrent « le plus vite possible » 13 millions de doses de vaccins à l'Afrique, une question de « crédibilité » selon lui.

Les Occidentaux se mobilisent aussi dans le cadre du dispositif COVAX, créé par l'Organisation mondiale de la santé (OMS). Des doses de vaccins commencent ainsi à arriver par centaines de milliers en Afrique, s'est félicité le chef de la diplomatie française, Jean-Yves Le Drian[72].

Le vaccin, rempart très convoité contre la pandémie de COVID-19, se retrouve au cœur d'une lutte d'influence entre les grandes puissances, guerre dans laquelle la Chine et la Russie font la course en tête.

L'accès aux vaccins est devenu le défi le plus pressant de la communauté internationale. Il s'agit là, d'une certaine façon, d'une nouvelle « course aux armements », considère le centre d'analyse américain Soufan[73].

Pour la Chine, la Russie et l'Inde, fournir aux pays les plus démunis ce « bien public mondial » encore rare est synonyme de prestige quand les Etats-Unis, englués dans la pandémie, le réservent à leur population, tandis que les Européens apparaissent dépassés.

Pékin, en première ligne, comme pour les masques au début de la pandémie, cumule les annonces de livraisons de doses, y compris sous forme de dons : 200 000 à l'Algérie, autant au Sénégal, à la Sierra Leone, au Zimbabwe, 500 000 au Pakistan, 750 000 à la République dominicaine, etc. La

---

[71] www. Lemonde.fr.
[72] Valérie Leroux, Le Vaccin, nouveau moteur de la guerre d'influence, AFP- lemonde, mars 2021.
[73] Valérie Leroux, Le Vaccin, nouveau moteur de la guerre d'influence, AFP- lemonde, mars 2021.

Chine a su s'afficher comme le « champion » des pays du Sud à un moment où le Nord faisait preuve d'un égoïsme presque congénital, relève Bertrand Badie[74].

Le Covid-19 nous rappelle surtout à quel point, sans lui, nous sommes désarmés et à quel point la vaccination est vitale, comme le souligne Patrick Zylberman (2020)[75].

Dans cette course aux vaccins, la Russie n'est pas en reste non plus, avec le vaccin Spoutnik V qui, tout un symbole, porte le même nom que les premiers satellites lancés par l'URSS dans les années 1950, en pleine Guerre froide. D'abord accueilli avec condescendance en Europe, il est désormais validé par une réelle évaluation dans la revue médicale *Lancet*.

Au moins trois pays de l'Union européenne, la Hongrie, la Slovaquie et la République tchèque, ont opté pour le vaccin russe, sans même attendre sa validation par l'Agence européenne des médicaments, alors que l'Europe connaît des retards criants de livraisons de doses. Cette décision de ces ex-pays de l'Union Soviétique pourrait bien se comprendre et s'expliquer par les relations diplomatiques très anciennes qu'ils entretiennent avec la Russie, même si aujourd'hui, ils sont membres de l'Union européenne.

Si un pays a très bien compris l'enjeu représenté par ces problématiques, il s'agit bien de la Chine. Elle a été à l'origine du problème, et souhaite aujourd'hui s'imposer comme *la* solution, avec tous les avantages politiques qui s'y attachent. La Chine est très présente en Afrique depuis bientôt vingt ans, et y a déployé ses « nouvelles routes de la soie », qui ont fait de Pékin le premier partenaire

---

[74] Bertrand Badie, Professeur de relations internationales de Sciences Po-Paris.

[75] Patrick Zylberman, La Guerre des vaccins, Odile Jacob, 2020 [Google Scholar].

commercial de la plupart des États africains. Or, dans la mesure où cette présence n'est pas toujours très bien acceptée, le vaccin offre à la Chine l'occasion de se présenter comme le « meilleur ami du continent noir ».

Si la Chine voit couronnés de succès ses efforts auprès de l'Afrique, mais aussi d'autres parties du monde privées de vaccins, comme les Balkans, ou même la Hongrie, elle aura remporté une immense victoire de « *soft power* », cette influence « douce » qui lui fait défaut.

L'enjeu est évidemment médical : la pandémie et ses conséquences justifient d'accélérer les procédures. Toutefois, il existe aussi, évidemment, un énorme enjeu politique, pour l'ensemble des pays.

Le vaccin, clé de la sortie de la crise sanitaire, n'échappe pas à cette réalité. La Chine, qui a réécrit l'histoire de cette pandémie pour faire oublier les mensonges initiaux et vanter une épopée triomphale à la gloire de son chef, Xi Jinping, déploie une « diplomatie du vaccin » très active.

Moscou fait de même et promet son vaccin « Spoutnik V » à une quarantaine de pays.

Pour sa part, l'Europe a été, dans ce dossier, fidèle à ses valeurs, en favorisant la création de l'initiative Covax, avec l'OMS, pour permettre que le monde entier, et pas seulement les pays riches, ait accès aux vaccins. Cette initiative démontre clairement que les pays européens veulent renforcer leurs relations diplomatiques avec l'Afrique et démontrer qu'ils sont les meilleurs amis des pays africains.

D'autres pays ont aussi fait du vaccin anti-COVID une arme diplomatique. Israël, « champion du monde » de la vaccination, a ainsi réservé des doses au Honduras et aux Tchèques.

Les Emirats arabes unis ont aussi commencé à faire don de doses de façon très ciblée à Gaza, territoire palestinien sous blocus israélien, ou à la Tunisie.

Dans cette nouvelle « course aux armements », les États-Unis examinent aussi une initiative commune avec le Japon, l'Australie et l'Inde afin de distribuer des vaccins en Asie et contrer ainsi l'influence chinoise, selon le quotidien *Financial Times*[76].

Les États riches se sont donc engagés dans une course aux accords avec les laboratoires, menaçant les tentatives visant à instaurer un système plus compétitif. Un calcul à courte vue, selon la revue *L'Express*[77].

---

[76] *Financial Times*, Febrary, 2020

[77] L'EXPRESS, Novembre, 2020.

22
La guerre des laboratoires

La Covid-19 a relancé la compétition entre les grands pays, puisque la découverte d'un vaccin représente un enjeu géostratégique important. C'est pourquoi tous les pays développés ont investi des sommes colossales pour la découverte d'un nouveau vaccin. Les groupes pharmaceutiques et les différents laboratoires se sont, dans ce but, lancés dans une rude concurrence.

Dans cette course pour découvrir un nouveau vaccin, les laboratoires chinois ont fait figure de leaders. En effet, la Chine est le premier foyer mondial de la pandémie, raison pour laquelle les autorités de Pékin ont déployé des moyens importants pour mettre fin à la propagation du virus. Dans cette « guerre » pour les vaccins, les chinois ont proposé deux prétendants sérieux : Sinopharm et Cansino. Le premier est efficace à 79%. Ce chiffre est inférieur à ceux des laboratoires occidentaux. Le vaccin chinois utilise une ancienne méthode, qui consiste à inoculer un virus atténué d'agents pathogènes pour déclencher une réponse immunitaire et développer ainsi suffisamment d'anticorps dits « neutralisants » (ceux capables de bloquer le virus avant l'infection des cellules).

Les laboratoires chinois sont en retard dans les procédés les plus novateurs : ceux utilisant l'ADN et l'ARN messager. Le principe est d'injecter des fragments qui vont permettre au corps humain de coder et de fabriquer lui-même cette protéine virale, déclenchant la réponse immunitaire.

Les laboratoires occidentaux (américains et européens) ont connu des avancées significatives et la firme Moderna, basée aux États- Unis, a annoncé la première les données cliniques préliminaires et vient de publier dans un journal scientifique. On observe que 100% des participants ayant reçu la dose intermédiaire, ont développé des anticorps neutralisants. Le vaccin de Moderna est efficace à 94%. En revanche, les laboratoires Pfizer et Biontech ont une efficacité de 95%.

Le laboratoire britannique Astra Zeneca, associé à l'université d'Oxford, a pour sa part revendiqué un taux de 70%, mais qui pourrait atteindre 100% avec deux doses. Astra Zeneca est décrit comme étant le vaccin le plus avancé par des membres de l'OMS. Son mécanisme d'action repose sur un vecteur viral d'un adénovirus chez le chimpanzé, répliqué et qui contient le code génétique de la protéine de pointe pour causer la réponse immunitaire.

Comme plusieurs grands laboratoires pharmaceutiques, les géants français Sanofi et l'Institut Pasteur sont en retard dans cette course aux vaccins.

Dans cette compétition aux acteurs multiples, cinq grands groupes pharmaceutiques font la course en tête : Glaxo GSK, Merck MSD, Pfizer, Janssen-Johnson et Johnson, et Sanofi Pasteur, chacun y allant de sa piste de recherche : protéine recombinante, virus inactivés ou vaccins génétiques.

Dans cette course à l'allure de guerre froide, les Russes semblent clairement, du moins dans un premier temps, avoir pris l'avantage. En effet, le laboratoire du Centre de recherche en épidémiologie et microbiologie Nicolaï Gamaleïa, en collaboration avec le ministère Russe de défense, a mis en place le vaccin Spoutnik V. Depuis le 9 novembre 2020, le laboratoire Gamaleïa a annoncé une efficacité de son vaccin à hauteur de 92%. Le Ministre Russe de la santé, Mikhaïl Murasko, affirme que « l'utilisation du vaccin et les résultats des essais cliniques démontrent qu'il s'agit d'une solution efficace pour arrêter la propagation de l'infection à coronavirus, un outil de soins de santé préventif, et c'est la voie la plus fructueuse pour vaincre la pandémie »[78].

[78] Sciences-com.cdn.ampproject.org

23
L'INUTILITE DE CERTAINES ORGANISATIONS INTERNATIONALES EN CETTE PERIODE DE CRISE SANITAIRE

L'épidémie de coronavirus (Covid-19) est d'ampleur mondiale. L'évolution de la crise résultant de cette pandémie a généré, à l'échelle mondiale, l'intervention de plusieurs organisations internationales. Cependant, une certaine désorganisation des instances internationales dans la réponse au Covid-19 a été observée. Celles-ci ont-elles été en mesure de pallier la situation de crise sanitaire ? Dans ce contexte, quel est exactement le rôle de l'OMS ? Comment se positionnent les autres organisations internationales intergouvernementales comme l'ONU, le HCR, l'OTAN, le FMI, la FAO, l'UE, l'OSCE, le PNUD, la BM, le G8, l'AIEA, l'UA, etc. ? La liste semble bien longue, et l'on pourrait y ajouter tous les dispositifs *ad hoc* (Groupes de contact, Quartet, etc.), créés le temps d'une crise, pour la crise dont ils contribuent à dessiner les contours. (David Abrosetti, 2009)[79].

Au niveau international, de nombreuses institutions agissent au quotidien pour lutter contre la pandémie de Covid-19 et/ou ses conséquences, conformément au principe de spécialité des organisations internationales. Au premier rang de ces organisations figure l'OMS,

---

[79] David AMBROSETTI et Cie, Les organisations internationale au cœur des crises-Configurations empiriques et jeux d'acteurs, p. 7-14 https://doi.org/10.4000/conflits.17680 [Google Scholar].

organisation
spécialisée du système des Nations Unies qui agit en identifiant, par exemple, les fabricants de kits de diagnostic, en organisant la recherche autour du vaccin, en levant des fonds, en surveillant la propagation mondiale du virus, etc. D'autres organisations, à l'instar de l'OMC et du FMI, ont également un rôle à jouer dans la gestion – économique et financière – de la pandémie (Rafael Maurel, 2020)[80].

Par leur engagement pour une amélioration de la santé dans le monde, ces nouveaux acteurs ont, d'une manière ou d'une autre, encouragé – voire occasionnellement forcé – les gouvernements et les organisations internationales à relever collectivement certains défis de santé mondiale et à s'engager dans des processus de négociations bi- ou multilatérales dont les acteurs non étatiques n'étaient plus absents, devenant ainsi des acteurs à part entière de la diplomatie sanitaire mondiale (Vincent Rollet, 2021)[81].

Il est important de comprendre pourquoi et comment ces organisations diverses investissent de telles « crises », se saisissent ainsi parfois d'enjeux nouveaux et consolident ou étendent, ce faisant, leurs champs d'action respectifs. L'interrogation est résolument spécifique, contextuelle, appelant une enquête empirique, au cas par cas. Il ne s'agit cependant pas de renoncer à toute ambition théorique pour autant. Une telle bureaucratisation internationale ne reste probablement pas sans effet sur la composition des acteurs en présence dans les domaines concernés, et sur la nature

---

80 Raphaël MAUREL, L'(IN)ACTIVITÉ DU CONSEIL DE SÉCURITÉ FACE AU COVID-19 : OÙ EST CONFINÉE LA « COMMUNAUTÉ » INTERNATIONALE ? Chronique n°18, 2020. [Google Scholar] - Docteur en droit public, Université Clermont Auvergne.

81 Vincent Rollet, Négocier l'accès à la santé au niveau mondial : Processus, concrétisation et défis de la diplomatie sanitaire mondiale, 2021. [Google Scholar].

des relations de pouvoir entre ces acteurs, États inclus. Jusqu'où ? (*Ibid*).

L'OMS a joué un rôle de premier plan indéniable dans la gestion de la crise du Covid-19. Elle a certes été le théâtre d'oppositions politiques, mais force est de constater qu'elle a assuré un leadership technique fort. Cela étant, l'aspect technique ne représente qu'un volet de la réponse à la crise sanitaire. La gestion optimale d'une telle situation se joue également surle plan politique, et c'est précisément là que l'OMS, et plus généralement les organes politiques de l'ONU, ont montré les limites de leur pouvoir d'action et de coordination (Xavier Michelin, 2020)[82].

En fustigeant l'Organisation mondiale de la santé (OMS), Donald Trump cherchait à transmettre l'idée selon laquelle les organisations internationales sont au mieux inutiles, au pire nuisibles. Par conséquent, le plus grand défi auquel font face les organisations internationales réside plutôt, et sans doute, dans leur politisation par les gouvernements nationaux.

Dans un premier temps, l'action de la Chine, sa volonté d'apparaître en situation de contrôle et la supposée complaisance de l'OMS envers elle ont transformé la crise sanitaire en crise politique internationale. Le soupçon de connivence politique entre l'organisation et la Chine accentue la méfiance de ses États membres à l'égard de l'OMS. De fait, l'OMS a très vite éprouvé une certaine difficulté à emporter l'adhésion de ceux-ci, et notamment des différents pays leaders de la crise. Cette méfiance entre par ailleurs en résonnance avec plusieurs crises sanitaires passées, durant lesquelles la gestion de l'OMS avait déjà

---

[82] Xavier Michelin, Analyste Santé, diplômé de Sciences Po Grenoble en relations internationales et en ingénierie de l'action publique., Covid-19 : L'Enjeu de la coopération internationale, novembre 2020. [Google Scholar].

fait l'objet de vives critiques (SIDA, SRAS, H1N1, EBOLA). L'expression des critiques américaines s'inscrit dans la lignée de cette crise de confiance, à l'occasion de laquelle des doutes ont été émis, à la fois sur la réelle neutralité politique de l'organisation, mais également sur ses préconisations techniques en ce qui concerne les NPIs (Nonpharmaceutical interventions) à mettre en place pour lutter contre le virus (Xavier Michelin, 2020).

Le second s'attaque quant à lui à l'expertise purement technique de l'OMS. En effet, les États-Unis estiment que l'OMS a échoué à prévenir les risques du Covid-19, notamment dans les premiers temps de la pandémie, mais également à produire et communiquer des informations précises sur les caractéristiques du virus et sa transmission interhumaine. En outre, la critique se tourne également vers la Chine qui, du fait d'une volonté politique visant à apparaître en situation de contrôle du virus, aurait laissé celui-ci se développer et se répandre. L'administration américaine déplace de ce fait la responsabilité de sa mauvaise gestion sanitaire sur l'organisation et le pouvoir chinois (Xavier Michelin, 2020).

La négation du leadership de l'OMS par les États-Unis a constitué un temps politique particulièrement fort de cette période de crise. Mais dans tous les cas, elle a été sur le devant de la scène.

L'ONU en a également subi les conséquences, aboutissant à un manque de coordination du Conseil de Sécurité et de l'organisation dans sa globalité. Il est, à cet égard, intéressant de remarquer que les pays leaders de la réponse apportée à la crise du Covid-19 ont préféré passer par des groupes internationaux restreints, tels que le G20, pour coordonner la réponse internationale, plutôt que de passer par l'UNGA (Assemblée générale de l'ONU). Cela témoigne non seulement d'un affaiblissement de la démocratie internationale, dont l'UNGA est censée être la garante, mais également d'un certain manque de pertinence de l'organisation dans la réponse à la crise (Xavier Michelin, 2020).

Depuis l'irruption de la crise sanitaire en cours, le Secrétaire général des Nations Unies, Antonio Gutteres, ne ménage pas ses efforts pour alerter la communauté internationale quant au caractère global de la crise. Monsieur Gutteres a d'ailleurs appelé, le 25 mars, à une cessation immédiate des hostilités au Yémen face à la pandémie, après avoir lancé, deux jours auparavant, un appel au cessez-le-feu mondial : « le monde entier affronte aujourd'hui un ennemi commun : le COVID-19 » (Raphaël MAUREL, 2020).

Non seulement le Conseil de sécurité est incontournable en cas de « guerre » ou, pour adopter la terminologie du droit international, d'agression armée et plus généralement de menace à la paix et à la sécurité internationales, mais il est aussi l'un des principaux organes du multilatéralisme depuis 1945. Or, le Conseil de sécurité est, officiellement, parfaitement silencieux sur la question du Covid-19 depuis le début de la crise. Lorsque celui-ci sortira de son silence institutionnel, dans les heures ou les jours suivant la publication de cette contribution, la latence avec laquelle il aura réagi sera critiquée et servira vraisemblablement de base de réflexion quant à l'avenir du système multilatéral des Nations Unies, dont cette crise sanitaire révèle au grand jour les failles (Raphaël MAUREL, 2020).

Le silence du Conseil de sécurité n'est qu'un silence « officiel » puisque, tardivement, des réunions ont commencé à être organisées virtuellement, dans des conditions quelque peu « artisanales », qui ne font qu'accentuer le sentiment d'incapacité à réagir. Ce silence est particulièrement gênant, à différents égards.

Au regard de ce qui précède, il paraît incompréhensible que le Conseil de sécurité ne se saisisse pas, ou se saisisse si tard, de la situation générée par le Covid-19. À ce stade, il convient de s'intéresser aux raisons pour lesquelles le Conseil de sécurité a tant tardé à se réunir et ne s'est toujours pas prononcé officiellement, alors que l'on entrevoyait en lui, ces dernières années, un « organe faîtier de la gouvernance sanitaire globale ». La faiblesse du discours juridique sur ce point amène inévitablement à s'interroger sur les raisons, peu juridiques, de cette incroyable latence. Confinée aux frontières d'un système à bout de souffle et incapable de réagir collectivement, efficacement et humainement, la société internationale aura, une fois la pandémie endiguée, à inventer un nouveau système multilatéral dont la (re)fondation semble s'imposer.

L'incapacité, tant de l'ONU que de l'OMS, à affirmer leur leadership dans la gestion de la crise, provient également d'un paradoxe ayant trait à leur structure ainsi qu'à leur but.

À côté des organisations intergouvernementales comme celles mentionnées ci-dessus, de nouvelles alliances internationales se sont multipliées depuis les années 2000 dans le domaine de la santé mondiale, dont les membres sont à la fois des acteurs publics (États et organisations intergouvernementales) et privés (entreprises, fondations philanthropiques, organisations de la société civile)[83],

---

[83] Auriane Guilbaud : Que peuvent les organisations internationales face au coronavirus ? 2020 (Https://theconversation.com/profiles/auriane-guilbaud-98441 0), Maîtresse de conférences en science politique, chercheuse au CRESPPA (Centre de Recherches Sociologiques et Politiques de Paris),

figurent tant d'autres comme la CEPI. En 2017 a ainsi été créée la Coalition pour l'innovation en matière de préparation aux épidémies (CEPI) (https://cepi.net/), à l'initiative du Forum économique mondial de Davos, de la Norvège, de l'Inde, de la fondation Gates et du Wellcome Trust (également une fondation philanthropique).

Ce partenariat public-privé a pour but de financer la recherche et le développement de vaccins contre des maladies infectieuses émergentes et de les rendre accessibles en cas d'épidémies, dont, désormais, le Covid-19. Mais la question de l'accès aux vaccins développés, et donc des droits de propriété intellectuelle, fait débat (https://www.lemonde.fr/sciences/article/2019/11/1
8/accès-aux-medicaments.html). Si, à l'origine, il était envisagé que le CEPI garde accès à la propriété intellectuelle sur les vaccins développés grâce à ses financements, il est désormais possible que ce soient les entreprises pharmaceutiques ayant participé au développement du vaccin qui puissent la détenir, et donc restreindre l'accès au vaccin en fixant un prix permettant d'en tirer profit.

L'ONG Médecins sans frontières a notamment dénoncé cette situation (https://www.devex.com/news/battle-over-cepi-saccess-to-vaccines-policy-deepens-94438), qui n'est pas propre au CEPI et se retrouve dans d'autres partenariats public-privé
visant à développer des médicaments. En effet, pour lutter contre une épidémie, il convient de ne pas seulement se focaliser sur le développement d'un traitement, mais aussi de s'assurer que les populations, même les plus pauvres, puissent en bénéficier.

UMR 721 7, CNRS/Université Paris 8/Université Paris 1 0 Nanterre, Université Paris Nanterre - Université Paris Lumières.

La pandémie de COVID-19 a joué un rôle de catalyseur des tensions internationales, en particulier entre la Chine et les États-Unis. Le président américain a fortement critiqué l'Organisation mondiale de la santé, taxée d'inefficacité et accusée de servir les intérêts de Pékin. Pourtant, cette organisation a agi avec célérité et a facilité la coopération sanitaire internationale. Elle œuvre notamment à la production d'un vaccin qui pourrait être considéré comme un bien public mondial (Didier Houssin, 2020)[84].

En résumé, les modèles de gouvernance des risques sanitaires que cherchent à promouvoir la communauté des experts des organisations internationales citées reposent sur : une internationalisation, une désectorialisation, un objectif de gestion plutôt que d'éradication et une ouverture du système des acteurs impliqués dans cette gouvernance.

Aussi, face aux limites des instances internationales dans la gestion de crise, nous avons pu observer une résurgence de l'échelle locale au travers de différentes initiatives. La période de crise a entraîné de nombreux replis nationaux de la part des États et a remis en cause l'importance de la solidarité internationale. Elle a également posé la lancinante question de l'affaiblissement du multilatéralisme institutionnel.

---

[84] Didier Houssin, La coopération sanitaire internationale à l'épreuve du COVID-19, 2020- président du Comité d'urgence de l'Organisation mondiale de la santé (OMS) dans le cadre de l'épidémie de COVID-19. [Google Scholar], https://www.cairn.info/revue-politique-etrangere-2020-3-page-33.htm.

CONCLUSION

La pandémie de la Covid-19 est une maladie apparue en Chine en décembre 2019. Elle s'est propagée dans le monde et a paralysé l'économie de tous les pays de la planète. Elle a donné naissance à une « nouvelle guerre des mots » entre les deux premières puissances économiques mondiales. Cette pandémie a montré le manque de leadership international et l'absence de consensus pour trouver un accord en vue de proposer une solution face à la pandémie. La rivalité entre les États-Unis et la Chine a fragilisé l'Organisation Mondiale de Santé, particulièrement en raison de la suspension de la subvention américaine à l'organisation. Pis, la première puissance économique mondiale a quitté l'organisation en pleine crise sanitaire liée à la Covid19.

Dans le cadre de l'éradication de la pandémie, l'UE, l'UA et l'UEMOA ont mis en œuvre un arsenal de mesures malgré les débats entre leurs pays membres, particulièrement sur les corona bonds, débats qui ont montré un manque de solidarité au sein de l'Union européenne. Toutefois, les corona bonds ont été validés pour permettre aux pays de l'UE de faire face à la pandémie. Les migrants sont également affectés par la crise. Cette dernière a montré la défaillance de certains États en matière d'investissements. Les choix dans le cadre des investissements doivent être revus par certains pays afin d'être en mesure de faire face, à l'avenir, à des crises comme celle liée à la Covid-19. Cette pandémie a également impacté les milieux religieux, avec la fermeture des lieux de culte dans presque tous les pays du monde. L'Afrique est certes moins touchée que les autres continents, mais les mesures prises pour enrayer la pandémie ont un impact sur les approvisionnements et la production agricole. Cette situation va aggraver le problème de l'autosuffisance alimentaire en Afrique.

Les incidences de la Covid-19 font que l'économie a besoin d'être soutenue et cette assistance doit devenir effective dès maintenant. Les pistes de sortie de crise doivent être élaborées immédiatement pour relancer l'économie, déjà très mise à mal.

La pandémie de la Covid-19 a totalement bouleversé les activités économiques dans l'ensemble des pays du monde. Du fait du mode de transmission de cette maladie, les États ont été contraints de prendre des mesures restrictives contre les flux migratoires afin d'endiguer la progression de cette pandémie en réduisant les cas de contamination. Ces restrictions ont fortement impacté la situation des migrants et les migrations dans leur ensemble. Toutefois, même si les effectifs se sont drastiquement réduits aujourd'hui du fait des restrictions, les migrants illégaux continuent de rallier l'Europe via la voie maritime et la voie terrestre.

BIBLIOGRAPHIE

SARDON JEAN-PAUL, « De la longue histoire des épidémies au Covid-19 », *Les analyses de Population & Avenir*, 2020/5 (N° 26), p. 1-18. DOI : 10.3917/lap.026.0001. URL : https://www.cairn.info/revue-analyses-de-population-et-avenir-2020-5-page-1.htm

BOUHON FREDERIC, JOUSTEN ANDY, MINY X AVIER *et al.*, « L'État belge face à la pandémie de Covid-19 : esquisse d'un régime d'exception », *Courrier hebdomadaire du CRISP*, 2020/1 (n° 2446), p. 5-56. DOI : 10.3917/cris.2446.0005. URL : https://www.cairn.info/revue-courrier-hebdomadaire-du-crisp-2020-1-page-5.htm

France24, Covid-19 : aux États-Unis, plus de 20 millions d'emplois détruits en avril, Publié le : 08/05/2020, https://www.france24.com/fr/20200508-covid-19-aux-%C3%A9tats-unis-plus-de-20-millions-d-emplois-d%C3%A9truits-en-avril

(Covid-19) L'économie chinoise se remettra bientôt des impacts de l'épidémie, selon un économiste américain, publié le 13 avril 2020, french.xinhuanet.com

AFP, Les dirigeants des 27 en visioconférence lors du conseil européen du 26 mars 2020, https://www.franceculture.fr

France24, Covid-19 : pourquoi le scénario catastrophe n'a pas eu lieu en Afrique, publié le 15 mai 2020, france24.com

ADRIEN JAULMES, La rivalité sino-américaine attisée par la crise du Covid-19, Publié le 23 avril 2020

« Focus », *Les Tribunes de la santé*, 2020/1 (N° 63), p. 13-21. DOI: 10.3917/seve1.063.0013. URL : https://www.cairn.info/revue-les-tribunes-de-la-sante-2020-1-page-13.htm

BORRELL JOSEP, « COVID-19 : le monde d'après est déjà là… », *Politique étrangère*, 2020/0 (Prépublication), DOI : 10.3917/pe.pr1.0001. URL : https://www.cairn.info/revue-politique-etrangere-2020-0-page-1.htm

ONU, Cinq raisons qui expliquent le rôle essentiel de l'OMS pour lutter contre le Covid-19, 9 avril 2020, https://news.un.org/fr/story/2020/04/1066332

« Focus », *Les Tribunes de la santé*, 2020/1 (N° 63), p. 13-21. DOI: 10.3917/seve1.063.0013. URL : https://www.cairn.info/revue-les-tribunes-de-la-sante-2020-1-page-13.htm

LA TRIBUNE, Le retrait des États-Unis de l'OMS plombe son budget et menace l'aide au pays pauvres, publié le 30 mai 2020, https://www.latribune.fr

CIIE, L'action de l'Union Européenne face au Covid 19, www.strasbourg-europe.ue

BARTHELEMY GAILLARD, Qu'est-ce que les corona bonds ? 15 avril 2020, https://www.touteleurope.eu/actualite/qu-est-ce-que-les-corona-bonds.html

MAXIME VAUDANO, « Coronabonds » : comprendre la bataille des mots qui cache le vrai débat sur la solidarité européenne, publié le 30 avril 2020, https://www.lemonde.fr/les-decodeurs/article/2020/04/30/coronabonds-comprendre-la-bataille-des-mots-qui-cache-le-vrai-debat-sur-la-solidarite-europeenne_6038311_4355770.html

ONU/OSAA, Déclaration du Sous-secrétaire Général, Dans sa lutte contre le COVID-19, les partenariats internationaux sont indispensables à l'Afrique, https://www.un.org/fr/africa/osaa/

ONU/OSAA, Déclaration du Sous-secrétaire Général, Dans sa lutte contre le COVID-19, les partenariats internationaux sont indispensables à l'Afrique, https://www.un.org/fr/africa/osaa/

KAHOFI JISCHVI SUY, Coronavirus en Afrique : La lutte contre le Covid-19 avec des moyens africains, 13 mai 2020, https://www.bbc.com/afrique/region-52608574

CAROLE ASSIGNON, Les dirigeants de l'UEMOA se mobilisent contre le Covid-19, 27 avril 2020, https://www.dw.com/fr/les-dirigeants-de-luemoa-se-mobilisent-contre-le-covid-19/a-53255731

LASSAAD BEN AHMED, UEMOA/Covid-19 : 8,7 milliards de dollars pour faire face aux besoins des États, 28 avril 2020, https://www.aa.com.tr/fr/afrique/uemoa-covid-19-8-7-milliards-de-dollars-pour-faire-face-aux-besoins-des-etats-/1820893

JASON GAGNON, COVID-19 : conséquences pour les migrations internationales et le développement**, 25 avril 2020, https://oecd-development-matters.org/2020/04/25/covid-19-consequences-pour-les-migrations-internationales-et-le-developpement/**

CHRISTOPHE BERTOSSI, MATTHIEU TARDIS, Migrations et COVID-19 : un quitte ou double pour l'Europe ? Éditoriaux de l'Ifri, 5 mai 2020, https://www.ifri.org/fr/publications/editoriaux-de-lifri/migrations-covid-19-un-quitte-double-leurope

NATALIE BARGE, la longue marche de l'Afrique vers l'autosuffisance alimentaire, 24 février 2020, https ;//voaafrique.com

http://www.fao.org/3/Y3918F/y3918f04.htm

https://ipar.sn

APANEWS, COVID-19 : le monde rural sénégalais au bord du gouffre, 5 Mai 2020.

SALIOU SARR, covid19 et risques de pénurie de riz et d'augmentation des prix au Sénégal, lequotidien.sn, 12 mai 2020

STEPHEN HAMMER et STÉPHANE HALLEGATTE, Planifier la reprise économique après la pandémie de Covid-19 : une grille d'évaluation de la durabilité à l'intention des décideurs publics, 14 AVRIL 2020 https://blogs.worldbank.org/fr/

UN, SHARED RESPONSIBILITY, GLOBAL SOLIDARITY: RESPONDING TO THE SOCIO-ECONOMIC IMPACTS OF COVID-19, March 2020.

https://www.liberation.fr/planete/2019/08/10/le-hajj-ce-pelerinage-tres-lucratif-pour-l-arabie-saoudite_1744622

NAZARENA LANZA, « Pèleriner, faire du commerce et visiter les lieux saints : Le tourisme religieux sénégalais au Maroc », L'Année du Maghreb [En ligne], 11 | 2014, mis en ligne le 02 décembre 2014, consulté le 31 mai 2020. URL :

ALBRECHT BURKARDT, L'économie des dévotions », (dir.) ISBN 978-2-7535-4890-9 Presses universitaires de Rennes, 2016, www.pur-editions.fr

SYLVAIN KAHN ET ESTELLE PRIN « Sur l'Europe, avec la Covid 19, la Chine tombe le masque », question d'Europe N^0 569, 07 septembre 2020.

L'expression diplomatie du masque commence à être employée le 19 mars 2020 dans la presse française, notamment dans le Figaro.

https://www.rfi.fr/fr/podcasts/20200509-la-diplomatie-masque-d%C3%A9masqu%C3%A9e

Www. Franceinter.fr

ANNE MARIE MOULIN, les vaccins, l'état moderne et les sociétés, 2007/ Médecine-Sciences-INSERM [Google Scholar]

Www. Lemonde.fr

VALERIE LEROUX, Le Vaccin, nouveau moteur de la guerre d'influence, AFP- lemonde, mars 2021.

BERTRAND BADIE, Professeur de relations internationales de Sciences Po-Paris

PATRICK ZYLBERMAN, La Guerre des vaccins, Odile Jacob, 2020 [Google Scholar]

Financial Times, Febrary, 2020

L'EXPRESS, Novembre, 2020.

DAVID AMBROSETTI et Cie, Les organisations internationale au cœur des crises-Configurations empiriques et jeux d'acteurs, p. 7-14 https://doi.org/10.4000/conflits.17680 [Google Scholar]

RAPHAËL MAUREL, L'(in)activité du conseil de sécurité face au covid-19 : où est confinée la « communauté » internationale ? Chronique n°18, 2020. [Google Scholar] - Docteur en droit public, Université Clermont Auvergne.

VINCENT ROLLET, Négocier l'accès à la santé au niveau mondial : Processus, concrétisation et défis de la diplomatie sanitaire mondiale, 2021. [Google Scholar]

XAVIER MICHELIN, Analyste Santé, diplômé de Sciences Po Grenoble en relations internationales et en ingénierie de l'action publique., Covid-19 : L'Enjeu de la coopération internationale, novembre 2020. [Google Scholar].

AURIANE GUILBAUD, Que peuvent les organisations internationales face au coronavirus ? 2020 (Https://theconversation.com/profiles/auriane-guilbaud-984410), Maîtresse de conférences en science politique, chercheuse au CRESPPA (Centre de Recherches Sociologiques et Politiques de Paris), UMR 721 7, CNRS/Université Paris 8/Université Paris 10 Nanterre, Université Paris Nanterre - Université Paris Lumières

DIDIER HOUSSIN, La coopération sanitaire internationale à l'épreuve du COVID-19, 2020- président du Comité d'urgence de l'Organisation mondiale de la santé (OMS) dans le cadre de l'épidémie de COVID-19. [Google Scholar], https://www.cairn.info/revue-politique-etrangere-2020-3-page-33.htm

(https://www.lemonde.fr/sciences/article/2019/11/18/accès-aux-medicaments.html)

(https://cepi.net/),

(Https://www.lemonde.fr/sciences/article/2019/11/18/accès-aux-medicaments.html).

(Https://www.devex.com/news/battle-over-cepi-saccess-to-vaccines-policy-deepens-94438),

TABLE DES MATIERES

Structures éditoriales du groupe L'Harmattan

L'Harmattan Italie
Via degli Artisti, 15
10124 Torino
harmattan.italia@gmail.com

L'Harmattan Hongrie
Kossuth l. u. 14-16.
1053 Budapest
harmattan@harmattan.hu

L'Harmattan Sénégal
10 VDN en face Mermoz
BP 45034 Dakar-Fann
senharmattan@gmail.com

L'Harmattan Cameroun
TSINGA/FECAFOOT
BP 11486 Yaoundé
inkoukam@gmail.com

L'Harmattan Burkina Faso
Achille Somé – tengnule@hotmail.fr

L'Harmattan Guinée
Almamya, rue KA 028 OKB Agency
BP 3470 Conakry
harmattanguinee@yahoo.fr

L'Harmattan RDC
185, avenue Nyangwe
Commune de Lingwala – Kinshasa
matangilamusadila@yahoo.fr

L'Harmattan Congo
67, boulevard Denis-Sassou-N'Guesso
BP 2874 Brazzaville
harmattan.congo@yahoo.fr

L'Harmattan Mali
ACI 2000 - Immeuble Mgr Jean Marie Cisse
Bureau 10
BP 145 Bamako-Mali
mali@harmattan.fr

L'Harmattan Togo
Djidjole – Lomé
Maison Amela
face EPP BATOME
ddamela@aol.com

L'Harmattan Côte d'Ivoire
Résidence Karl – Cité des Arts
Abidjan-Cocody
03 BP 1588 Abidjan
espace_harmattan.ci@hotmail.fr

Nos librairies en France

Librairie internationale
16, rue des Écoles
75005 Paris
librairie.internationale@harmattan.fr
01 40 46 79 11
www.librairieharmattan.com

Librairie des savoirs
21, rue des Écoles
75005 Paris
librairie.sh@harmattan.fr
01 46 34 13 71
www.librairieharmattansh.com

Librairie Le Lucernaire
53, rue Notre-Dame-des-Champs
75006 Paris
librairie@lucernaire.fr
01 42 22 67 13

www.ingramcontent.com/pod-product-compliance
Lightning Source LLC
LaVergne TN
LVHW051355061026
849535LV00009B/3190